日本庭園の歴史と文化

小野健吉

吉川弘文館

はじめに

私は一九八七年に奈良国立文化財研究所（現・国立文化財機構奈良文化財研究所）に入所し、遺跡の発掘調査や整備などとともに、「仕事」として日本庭園の歴史の研究を始めました。以来、文化庁勤務の五年あまりを挟んで三十年近い年月が流れましたが、十分な成果を挙げた、と胸を張るには程遠いのが実情です。それでも、研究の成果を基にしながら、二〇〇四年に『岩波日本庭園辞典』を、二〇〇九年には『日本庭園―空間の美の歴史』（岩波新書）を上梓し、広く一般市民の方々に日本庭園やその歴史の概要を知っていただき、そのことを通じて日本庭園の魅力をあらためて認識いただこうと努めてまいりました。研究成果を広く社会に還元することは、プロの研究者の端くれとして、やはり責務というべきものだと考えたからです。一方で、たいした数ではないことと深く突き詰めたとは言い難いことには恥じ入るばかりですが、いくらかの論文も書いてきました。

この本は、日本庭園の歴史をテーマに私が書きためたそのような論文のうち八編を選び、一書とした取りまとめたものです。選んだ八編は、古代から中世、近世そして近代までの各時代の庭園をめぐって、その歴史的・文化的側面を探ろうとしたものです。書いた時期や目的、発表した媒体がそれぞれ異なるため、取り上げた題材や分析に用いた手法にあまり一貫性はないし、語り口もそれぞれでかなりの違いがあると思います。共通するのは、日本の庭園の歴史について、ささやかながら新たな知見を加えようとした私なりの試みである、という点です。ただ、いずれも基本的に「論文」として発表したものであり、また、私の書き手としての力量不足もあって、いささか読みづらいところがあろうことについては、あらかじめご容赦いただきたいと思います。以下に各編で私が目指したところを紹介しておきます。読み始めるにあたっての手がかりにしていただければ幸いです。

第一章　飛鳥・奈良時代の庭園遺構と東院庭園

かつては『万葉集』や『続日本紀』などの文献史料から想像をめぐらせるほかなかった飛鳥時代と奈良時代の庭園の実態が、近年、発掘された庭園遺構によって明らかになってきている。こうした庭園遺構をもとに飛鳥時代と奈良時代の園池デザインなどの違いを整理し、その急激なデザインの変化の原因を探る。

初出：『奈良文化財研究所学報』第六十九冊『平城宮跡発掘調査報告XV—東院庭園地区の調査—』（奈良文化財研究所、二〇〇三年）

第二章　平安時代初期における離宮の庭園—神泉苑と嵯峨院をめぐって—

平安遷都から間もない頃にそれぞれ平安京の内外の離宮として造営された神泉苑と嵯峨院。ともに園池を伴うこの二つの離宮を取り上げ、前者については主に文献史料からその空間構成の淵源について考察を加え、後者については文献史料などからその機能を考えるとともに地形の解釈からその立地の持つ意味を探る。

初出：『奈良文化財研究所学報』第八十六冊『平安時代庭園の研究—古代庭園研究Ⅱ』（奈良文化財研究所、二〇一一年）

第三章　臨池伽藍の系譜と浄土庭園

寺院の中心的な仏堂の前に園池を配置する臨池伽藍は、中国では実際に造営された形跡があまり見当たらないのに対し、日本では法成寺・平等院などをはじめとして平安・鎌倉時代に盛行する。日本における臨池伽藍盛行の理由を先行研究や文献史料などをもとに考究するとともに、「浄土庭園」という用語についての整理を試みる。
初出：『奈良文化財研究所学報』第八十六冊『平安時代庭園の研究―古代庭園研究Ⅱ』（奈良文化財研究所、二〇一一年）、のち『『作庭記』と日本の庭園』（白幡洋三郎編、思文閣出版、二〇一四年）に再録

第四章　『春日権現験記絵』に描かれた藤原俊盛邸の庭園

鎌倉時代末期に制作され現存する『春日権現験記絵』に描かれた藤原俊盛邸の庭園には、池や遣水、泉殿や鳥小屋、植栽、さらに野生の鳥獣も描かれる。当時の貴族の理想の庭園のイメージともいうべきこの庭園のこうした構成要素を分析し、平安建都以来五百年以上にわたり育まれた都市文化という観点からの位置づけを試みる。
初出：『都市歴史博覧』（白幡洋三郎ほか編、笠間書院、二〇一三年）

第五章　永禄八年の京都の庭園の形態と機能―フロイス『日本史』の記述から―

十六世後半に日本で布教活動を行なったイエズス会宣教師・フロイスが著した『日本史』。そのなかに収められた、フロイスが永禄五年に初めて京都に入って見聞したさまざまな庭園についての記述を分析し、将軍邸の庭園や禅宗寺院の枯山水など、ほかの史料からはうかがえない当時の庭園の実態に光を当てる。
初出：日本造園学会誌『ランドスケープ研究』六八巻五号（日本造園学会、二〇〇五年）／原題「フロイス『日本史』の記述から読み解く永禄八年（一五六五）の京都の庭園の形態と機能」

第六章　醍醐寺三宝院の作庭―『義演准后日記』から―

醍醐寺三宝園の作庭は、慶長三年の豊臣秀吉の縄張りに始まり、秀吉の没後も醍醐寺座主・義演准后によって二十数年にわたり継続される。詳細に記された義演の日記から、その間の作庭に関わる諸事情を明らかにし、近世初期における京都の庭園文化のありようを探る。

初出：『醍醐寺大観』第三巻（岩波書店、二〇〇一年）／原題「三宝院庭園」

第七章　『江戸図屏風』に描かれた寛永期の江戸の庭園

国立歴史民俗博物館が所蔵する『江戸図屏風』は、寛永年間の江戸の事情を知る第一級の絵画史料である。この屏風に描かれた大名屋敷と旗本屋敷の庭園に注目し、その園池や滝、築山などのデザインや園池の水源のありよう、数寄屋楼閣の役割などについて考察し、開府間もない当時の江戸の庭園事情の解明を試みる。

初出：『日本研究』第五〇集（国際日本文化研究センター、二〇一四年）／原題「『江戸図屏風』から読み解く寛永期の江戸の庭園」

第八章　平安神宮神苑築造記録から読む小川治兵衛と近代京都造園事情

明治二十八年に催された平安遷都千百年紀念祭に際し造営された平安神宮。平安神宮所蔵の記録から、殿舎の背後にめぐらされた庭園である神苑の築造の経緯を探るとともに、庭師・小川治兵衛が作庭デザイナー兼プロデューサーとして果たした役割ならびに当時の京都の造園事情を読み解いていく。

初出：奈良国立文化財研究所創立四十周年記念論集『文化財論叢Ⅱ』（同朋舎出版、一九九五年）

ところで、お気づきのとおり、この本では対象とした時代順に論文を並べる構成としています。したがって、最初から順を追って読み進めていただくほうが日本の庭園の歴史の流れを理解していただきやすいとは思いますが、それぞれの論文は独立したものなので、どこから読み始めていただいても全く差し支えはありません。

なお、論文については、基本的に発表した時点のものをそのまま採録していますが、表現や表記を若干改めた箇所があるほか、その後に発掘調査で新たな重要知見が加わった場合などではそのことを注記している部分があります。

また、第五・六・七章では表題を若干変更しています。これらについては、あらかじめお断りしておきたいと思います。ちなみに、日本庭園の通史についてご興味のある方は、先述の拙著『日本庭園―空間の美の歴史』も併せて一読いただければと存じます。

目次

第七章 『江戸図屏風』に描かれた寛永期の江戸の庭園……一二五

第一章　飛鳥・奈良時代の庭園遺構と東院庭園

はじめに

近年、発掘調査によって飛鳥・奈良時代の庭園遺構が次々と検出され、その実態が急速に明らかになりつつある。これまでに発掘された庭園遺構のうち、飛鳥時代に属するものが十五件、[1] また、奈良時代に属するものが二十二件[2]を数える。本章では、これらについて庭園の構成要素・規模・デザインなどを整理、それによって、飛鳥時代と奈良時代の庭園の形態の変化を明確にし、その変化のよって来たるところを考察したい。さらにそのうえで、東院庭園の庭園史における位置づけを行うこととする。

一　飛鳥・奈良時代の庭園遺構

表Ⅰ—1は、飛鳥時代ならびに奈良時代の庭園遺構について、水部（池および流れ）と陸部に分けたうえ、構成要素・規模・デザインなどを整理したものである。この表からもわかるように、飛鳥時代と奈良時代の庭園の形態の変

水部			陸部			
	島・出島	備考	景石・石組	石造物	舗装	備考
石敷	－	池への導水は懸樋か	－	－	円礫敷（池周囲）	池から三輪山眺望。流れは長方形池の外周排水か
池山	－	池周囲の排水機能				
石敷	－	池への導水は懸樋か	－	？	石敷	
石敷	－	池から流出				
池山	中島	水源は湧水か。水溜を経て素掘溝で導水	－	－	－	池南西に柱列。青根ケ峰眺望
？	－		－	－	－	
？	－		－	－	石敷	石敷は池を埋めた後の時期
池山	－	蓮池か	－	－	－	
石敷	－	貯水機能。木樋で排水	－	？	堤上面石敷	池の外周は堤
石敷	－	池への導水は懸樋か	－	－	－	小池は流れの西南岸にある
敷	－	冬野川から石組暗渠で導水か				
敷	－		－	猿石?	石敷	
－	－	切石組桝から木樋で導水か	－	小判形石槽、亀形石槽自体が石造物	石敷	石敷広場の両側は、石階段と石積
切石	－	亀形石槽の排水溝				
石敷、石敷	中島（不整形）、島状石積	飛鳥川から南池への導水は、出水酒船石経由と噴水石経由の2系統か。湧水もあり	－	出水酒船石、石槽、噴水石（池中）	－	池西に露台（建物）、池北は渡堤
石敷	？	南池から木樋で導水	－	－	－	池南は渡堤
石敷	－		－	須弥山石と石人像を設置か？	石敷	周囲を建物で囲われた空間
石敷	－		－	須弥山石と石人像を設置か？	石敷	石神遺跡南限の外
池山	？		－	－	－	
礫敷	－	石組溝で導排水	－	－	石敷	正殿の北庭？
池山	出島	水源は現・御前池か	護岸景石	－	－	
池山	岩島	州浜は葺石を転用	護岸景石	－	－	
池山	中州状の島	池へ導水				
池山	？		？	－	－	長屋王邸西庭園
山	－	菰川へ排水か	？	－	－	長屋王邸東庭園

表Ⅰ－1　飛鳥・奈良時代の庭園遺構

番号	名称	種別	築造世紀	水部				
				形態	築造法	平面形	規模(単位m)	護
飛鳥1	上之宮遺跡	貴族住宅	6末～7前期	池	掘込	長方形	1.5×2.6, d1.5	石積
				流れ（溝）	掘込	馬蹄状	φ6.0, w0.4, d0.3	石積
飛鳥2	古宮遺跡	貴族住宅	7前半	池	掘込	長円形	φ2.4-2.8, d0.5	石積・石
				流れ（溝）	掘込	蛇行+直線	ℓ25, w0.25, d0.2	石積
飛鳥3	宮滝遺跡	離宮	7初期	池	掘込	曲池	50?×20?, d0.6	杭護岸・
飛鳥4	雷丘東方遺跡	宮殿	7前半	池	掘込	方形?	一辺15?, d2	石張
飛鳥5	雷内畑遺跡	?	7中期	池	掘込	?	?	石張
飛鳥6	坂田寺跡	寺院	7	池	掘込	方形?	6以上×10以上, d1	石積
飛鳥7	島庄遺跡方池	?	7前期	池	掘込＋堰止?	隅丸方形	約42×42, d2.0	石積
飛鳥8	島庄遺跡方池北方	?	7中期	池	掘込	長方形	2.3×0.7, d0.7	石積
				流れ	－	直線状	w5, d1.2, ℓ22以上	石積
飛鳥9	平田キタガワ遺跡	迎賓館?	7中期	池	掘込?	方形?	（北岸長は100m?）	石積
飛鳥10	酒船石遺跡	祭祀場	7中期	水槽	石造物	小判形→亀形	亀2.4×2, 小判1.65×1	－
				溝	掘込	直線	w0.5, d0.5	立石列
飛鳥11	飛鳥京跡苑池（飛鳥出水遺跡）	後苑	7中期	南池	掘込＋堰止	変形扇形	65×60, d0.4-0.5	石積
				北池	掘込	不整形（直線主体）	南北150	石積
飛鳥12	石神遺跡方池A	宮殿	7中期	池	掘込	方形	6×6, d0.8	石積（4隅は立
飛鳥13	石神遺跡方池B	宮殿	7後期	池	掘込	方形	3×3.2, d0.6	石積
飛鳥14	中之庄遺跡	離宮?	7後期	池	掘込	曲池	30以上×30以上, d0.5	草付
飛鳥15	郡山遺跡	地方官衙	7末期	池	掘込	方形	3.7×3.5, d0.8	石積
奈良1	平城宮佐紀池	宮殿	8初期	池	旧湿地＋堰止	曲池	220?×150	州浜
奈良2	平城左一、三、十五・十六	貴族住宅	8初期	池	古墳周濠	曲池	18×10, d0.25	州浜
				流れ	掘込	やや蛇行	w1.2	草付
奈良3	平城左三、二、二	貴族住宅	8初期	池	掘込	曲池	（北東岸13）	州浜
奈良4	平城左三、二、七	貴族住宅	8初期	流れ	旧河川流路	蛇行	w3-7, d0.9	草付

水部			陸部			
底	島・出島	備考	景石・石組	石造物	舗装	備考
山	中島		景石	−	中島は玉石敷	
一部石敷	出島・中島?	北東石組溝と北西蛇行石組流れから導水。南西石組溝・同蛇行石組流れから排水	景石	−	小石敷?	池周囲に建物
石敷	−	北西部蛇行石組流れ				
石敷	−	南西部蛇行石組流れ				
石敷	出島・中島	北東小池を経て導水。北東拡張部の湧水も水源。排水は南東木樋	石組・景石	−	小石敷?	池周囲に建物
山	−	素掘溝で排水	−	−	−	
山	墳丘が中島?	周濠全体を池に転用の可能性もあり	?	−	−	猫塚墳丘を背景
山	墳丘が中島?		?	−	−	大和20号墳墳丘を背景
山	−	素掘溝で導水	−	−	−	
山	−	木樋暗渠で排水	景石	−	−	高円離宮か
山	−					
山	中島?	水源は井戸	−	−	−	市庭古墳後円部を背景
石敷	岩島	導水は旧河川→木樋→北端石組小池。排水は木樋と溢流溝。植桝あり	景石・石組	−	−	池西に建物
山	−	素掘溝で排水	−	−	−	
砂利敷	−	水源は池中湧水	−	−	−	正殿の南庭
山	?		?	−	−	
一部石敷	中島	池中建物・廊	立石	−	−	
山	−	水源は染み出し湧水	−	−	小石敷	
山	中島	水源は湧水か	−	−	−	池の東に建物
山	−		−	−	−	
?	中島		−	−	−	伝称徳山荘。東方への眺望
?	?	金堂南面の方池か	−	−	−	＊後に中世の遺構と判明

3）所在地　飛鳥 1：奈良県桜井市、2：同橿原市・高市郡明日香村、3：同吉野郡吉野町、4-13：同高市郡明日香村、14：同宇陀郡大宇陀町、15：宮城県仙台市。奈良 1-17, 20, 21：奈良県奈良市、18：京都府乙訓郡大山崎町、19：山口県防府市、22：千葉県夷隅郡岬町。

（表Ⅰ－1 つづき）

番号	名称	種別	築造世紀	水部				
				形態	築造法	平面形	規模（単位m）	護岸
奈良5	平城左三、一、十四	貴族住宅	8初期	池	掘込	曲池	10×5以上, d0.25	草付
奈良6	平城宮東院庭園前期	宮殿	8前期	前期池	掘込	曲池	50×60	立石列・石 州浜?
				流れ	掘込	蛇行	ℓ27, w0.8, d0.15	立石列
				流れ	掘込.	蛇行	ℓ36, w1, d0.15	立石列
	平城宮東院庭園後期	宮殿	8中期	後期池	掘込	曲池	60×60	州浜
奈良7	平城左八、一、三	?	8中期	池	旧河川流路	曲池	w5-9×30以上, d0.3	草付
奈良8	松林苑（猫塚）	後苑	8中期	池	古墳周濠	曲池	?	州浜
奈良9	〃（大和20号墳）	後苑	8中期	池	古墳周濠	□の字形?	30以上×12以上	州浜・草
奈良10	大膳職	宮殿	8中期	池	掘込	曲池	18×17, d0.8	草付
奈良11	白毫寺遺跡	離宮?	8中期	池	堰止	曲池	25×20, d0.5-1.5	草付
				池	掘込	曲池	21×7.5	草付
奈良12	平城宮北辺（大蔵省推定地）	官衙	8中期	池	古墳周濠	曲池	18×20以上	州浜・草
奈良13	平城左三、二、六	宮殿（公的宴遊施設）	8中期	池	旧河川流路	曲池（曲流）	ℓ55, w2-7, d0.3	立石列・石
奈良14	平城左二、二、十二	寺院?	8中期	池	旧河川流路	曲池	7.7×10.5, d0.3?	石組・草
奈良15	平城左三、四、十二	貴族住宅	8中期	池	掘込	曲池	3.7×4.9, d0.4	草付
奈良16	法華寺跡	寺院	8中期	池	掘込	?	?×10?, d0.4	石張
奈良17	法華寺阿弥陀浄土院跡	寺院	8中期	池	掘込	曲池	50?×50?	石列・石
奈良18	長岡右九、三、十一・十二	貴族住宅	8中期	池	旧河川流路	曲池	4以上×20, d0.3	州浜
奈良19	周防国府跡	地方官衙	8中期	池	掘込	曲池（楕円）	10×7	草付
奈良20	平城宮西南隅	宮殿	8後期	池.	旧河川流路	曲池	22×7, d1.5	草付
奈良21	平城右一・北四・六	離宮	8後期	池	掘込	曲池	55以上×20?	草付
奈良22	上総法興寺跡	寺院	8?	池	掘込	方池?	5×5	石積?

1）飛鳥1～15、奈良1～22の順序は、それぞれ概ね時代順であるが、必ずしも厳密なものではない。
2）名称は省略記載しているものがある。「平城左一、三、十五・十六」は、平城京左京一条三坊十五・十六坪を略したもの。

飛鳥時代の庭園遺構

図Ⅰ－1
上之宮遺跡

図Ⅰ－2
古宮遺跡

図Ⅰ－3
宮滝遺跡

図Ⅰ－4
島庄遺跡方池

図Ⅰ－5
酒船石遺跡

図Ⅰ－6
飛鳥京跡苑池

図Ⅰ－7
石神遺跡方池Ａと須弥山石・石人像

図Ⅰ－8
郡山遺跡

化のなかで際立つのは、第一に庭園の最も重要な構成要素となる池の形状の変化、すなわち平面の変化と護岸手法の変化であり、第二に庭景の焦点ともなる装飾的な構成要素の変化、すなわち石を精巧に加工した石造物から自然石を用いた景石や石組への変化である。

飛鳥時代の園池

まず、池の形状。これまでにも、たびたび指摘されてきたように、飛鳥時代の園池はおおむね直線を主体とした幾何学的な平面を持つ。そして、幾何学的な平面は、石積を用いた護岸と密接な関係にあることが指摘できる。上之宮遺跡（図Ⅰ—1）、雷丘《いかづちのおか》東方遺跡、坂田寺跡、島庄《しまのしょう》遺跡方池《ほうち》(3)（図Ⅰ—4）、島庄遺跡方池北方流れ遺構、(4)飛鳥京跡苑池(5)（図Ⅰ—6）、平田キタガワ遺跡、石神遺跡方池A（図Ⅰ—7）、石神遺跡方池B、郡山遺跡（図Ⅰ—8）の園池遺構は、すべて方池などの幾何学的な平面と石積護岸の組み合わせである。古宮遺跡の園池遺構（図Ⅰ—2）は幾何学的な長円形の平面を持ち、護岸は石積と石張（岸の斜面に石を張り付ける）の併用であり直線的な水路とも接続するので、同じ範疇に入れてよいだろう。

このことの裏返しとして、自然風景的（非幾何学的）な平面を持つ曲池である宮滝遺跡（図Ⅰ—3）や中之庄遺跡では、護岸が草付き（石などを用いず、水際付近に草などを植えて池水による岸の侵食を防ぐ手法。池や流れの遺構において、石や木杭などによる護岸施設の遺構が見つからないものは、この手法と考えておく）となる。ちなみに、この二つは飛鳥地域から離れた景勝地に営まれた離宮の庭園の池で、湧水付近に立地するなどしており、飛鳥地域所在のほかの庭園のような人工的なデザインを意図しなかったものと思われる。石積護岸でありながら、幾何学的平面を持たない例外としては、飛鳥京跡苑池遺構の南池の中島があるが、これとて池そのものは直線主体の幾何学的なものである。

奈良時代の園池

一方、奈良時代の園池は、平城宮佐紀池（図Ⅰ—9）、平城京左京一条三坊十五・十六坪（図Ⅰ—10）、同左京三条二坊六坪（図Ⅰ—13）、平城宮東院庭園後期（図Ⅰ—12）など、ほとんどすべてが、自然風景的な平面を持つ曲池《きょくち》である。松林苑《しょうりんえん》大和二〇号墳利用庭園の池が、方墳の墳裾の形状を利用しているところから幾何学的平面を持つのと、詳細は不明であるが上総法興寺の園池が方池の可能性を持ちそうなのが例外といえるが、[6]いずれもいわば特殊な事例である。

こうした奈良時代庭園の園池の護岸としては、石積、石張、立石列（玉石を立て並べる）、草付き、石組（自然石を組み並べる）、州浜《すはま》（緩勾配の斜面に小石を敷く）といった手法が認められる。このうち石積は、方池と見られる上総法興寺と平城宮東院庭園前期のごく一部（立石列・州浜と併用）で用いられているにすぎない。また、石張護岸が認められるのは、法華寺跡と法華寺阿弥陀浄土院跡（図Ⅰ—15）の園池であるが、後者は石組との併用で、しかも岸の勾配も緩く、州浜に近いいわば石浜的な様相を呈する。立石列を用いているのは、平城宮東院庭園前期、平城京左京三条二坊六坪（石組・州浜と併用）であり、平城宮東院庭園前期の流れ（蛇行溝）も立石列を用いていたと見られる。また、草付きと考えられるのは、平城京左京三条一坊十四坪、平城京左京三条二坊七坪（長屋王邸東庭園）、大膳職《だいぜんしき》、松林苑大和二〇号墳利用庭園（州浜と併用）、白毫寺《びゃくごうじ》遺跡、平城宮北辺（州浜と併用）、平城京左京八条一坊三坪、平城京左京三条四坊十二坪、平城宮西南隅、周防国府跡（図Ⅰ—16）の園池である。石組は、法華寺阿弥陀浄土院跡、平城京左京三条二坊六坪、平城京左京二条二坊十二坪（図Ⅰ—14）平城宮東院庭園後期（州浜と併用）で認められる。州浜は、平城宮佐紀池、平城京左京一条三坊十五・十六坪、平城京左京三条二坊二坪（長屋王邸西庭園・図Ⅰ—11）、平城宮東院庭園前期、平城宮東院庭園後期、松林苑猫塚利用庭園、松林苑大和二〇号墳利用庭園、平城宮北辺、長岡京右京九条

奈良時代の庭園遺構

図Ⅰ－9
平城宮佐紀池

図Ⅰ－10
平城京左京一条三坊十五・十六坪

図Ⅰ－11
平城京左京三条二坊二坪

図Ⅰ－12
平城宮東院庭園後期

図Ⅰ－13
平城京左京三条二坊六坪

図Ⅰ－14
平城京左京二条二坊十二坪

図Ⅰ－15
法華寺阿弥陀浄土院跡

図Ⅰ－16
周防国府跡

三坊十一・十二坪で認められる。

以上からわかるように、奈良時代の曲池は、護岸手法も自然風景的な草付きや州浜が大勢を占めていた。草付きは、飛鳥時代にも見られた手法で、むしろ自然池沼にそのまま倣ったものと見られるが、飛鳥時代の二つの事例が都から遠い離宮の園池であったのに対し、奈良時代には平城宮・京内で用いられているのが注目される。また、州浜は飛鳥時代の園池には見られなかった手法である。(7) しかも、平城宮佐紀池、平城京左京一条三坊十五・十六坪、平城京左京三条二坊二坪（長屋王邸西庭園）など奈良時代初頭の園池ですでに用いられている点が注目される。一方で、石積や石張、さらに石積の変型ともいえる立石列といった飛鳥時代以来の伝統手法が奈良時代中期までは残っている点にも、一定の留意はしておきたい。

石造物から景石・石組へ

次に、庭景の焦点ともなる装飾的な構成要素（植栽を除く）の変化を見ておきたい。これまでの発掘調査成果を見る限り、飛鳥時代の庭園で装飾的な構成要素となるのは、石を加工した石造物である。酒船石遺跡の小判型石槽と亀型石槽（図Ⅰ—5）、飛鳥京跡苑池の出水酒船石・石槽・噴水石、平田キタガワ遺跡の猿石、石神遺跡方池A・Bに伴う可能性の強い須弥山《しゅみせん》石と石人像（図Ⅰ—7）。これらは、斉明朝の庭園に伴うと見られるものが多く、天武・持統朝でも重要な庭園装飾として用いられたと考えられる。さらに、猿石を除いては、噴水・流水・溜水など人工的に水を演出する機能を持つ。

奈良時代になると、こうした石造物は庭園からまったく姿を消す。変わって出現するのが自然石の景石、ならびに複数の自然石を有機的に組み合わせた石組である。しかも、これらは、奈良時代初頭の平城宮佐紀池、平城京左京一条三坊十五・十六坪ですでに出現し、平城京左京三条二坊六坪や平城宮東院庭園後期では、優れた庭園デザインとして完成の域に達している。

庭園デザインの大転換

以上のとおり、奈良時代の園池は、平面では飛鳥時代とは大きく一線を画し、護岸手法では飛鳥時代の伝統的手法の片鱗を引き継ぎつつも大勢では新手法といえる州浜に変化する。この顕著な変化は、園池の根本的な築造手法の変化にほかならず、そのことが奈良時代の園池の立地にも関係することになる。すなわち、奈良時代になると、古墳周濠、旧河川流路、旧湿地など、もともと水を得やすい場所が園池の築造地として選ばれているのである。[8]また、庭園装飾の重要構成要素も石造物から自然石の景石や石組へと大きく変化する。

総じていえば、飛鳥時代の庭園は、明瞭に人工的であるのに対し、奈良時代の庭園は自然風景的要素がきわだって強くなっており、立地についても自然順応的な傾向が見られるのである。飛鳥時代と奈良時代の庭園デザインの間には大転換があるといってよいだろう。

二　庭園デザイン転換の原因

唐の庭園デザインと粟田真人

それでは、その大転換の原因は何か。結論的にいって、唐の都・長安城や洛陽城に実在した庭園に関する情報が直接的に日本にもたらされ、それに倣った作庭が行われたためと考えるのが最も妥当ではなかろうか。ちなみに、それ以前の飛鳥時代の庭園デザインは、推古朝以後百済からの影響を強く受けたものであり、[9]後述するように新羅と国交を回復した天智天皇七年（六六八）以後は、新羅からの影響も受けたものと見られる。[10]そして、このような唐の庭園

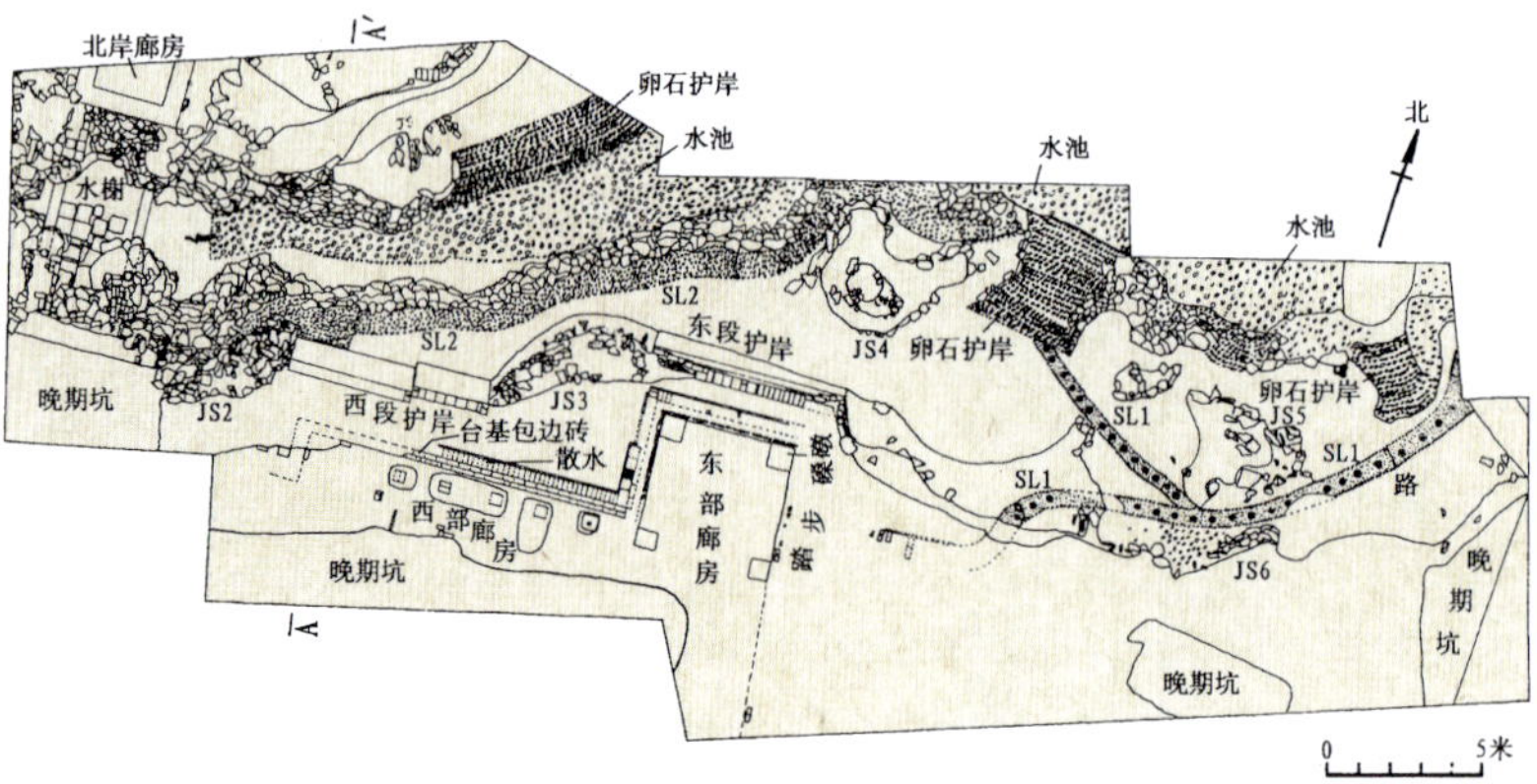

図Ⅰ－17　唐洛陽上陽宮遺構平面図

図Ⅰ－18　唐洛陽上陽宮園池西部遺構

デザインに関する情報が日本に伝わったのは、おそらく粟田《あわたの》真人《まひと》を執節使とする、大宝二年（七〇二）出発、慶雲元年（七〇四）帰国の遣唐使ではなかったか。およそ三十年ぶりに派遣されたこの使節の歴史的役割がきわめて大きかったことは、すでに多く指摘されるところである。(11) 近年の有力な学説によれば、藤原京（六九四〜七一〇）と平城京（七一〇〜七八四）との平面配置の相違は、前者が『周礼《しゅらい》』による観念的な計画によるものであるのに対し、後者はこの遣唐使による唐長安城の平面配置に関する情報に基づくものであったためという。(12) してみれば、都城の重要な装置である庭園についても、同様にこの遣唐使のもたらした情報が重視されたとの見方が成立するのではなかろうか。

『続日本紀』慶雲元年七月一日条、および宝亀十年（七七九）四月二十一日条によれば、粟田真人は着岸した楚州（江蘇省）から長楽駅（長安近郊）に至っている。さらに、中国の史書『旧唐書』によれば、真人が長安に着いたのは、唐（周）(13)暦長安二年（大宝二年、七〇二）十月のこと。「真人好んで経史を読み、文を属るを解し、容止温雅なり」と評され、則天武后より大明宮麟徳殿《だいめいきゅうりんとくでん》で歓迎の宴を受けている。麟徳殿は、いうまでもなく太液池《たいえきち》の西に隣接する宮殿であり、真人が蓬莱島を配した広大な曲池・太液池を目の当たりにしたことは疑いない(14)。太液池の細部のデザインなどについては、現在進行中の中国社会科学院考古研究所と奈良文化財研究所の共同発掘調査の成果が注目されるところであるが(15)、おそらくは後述する洛陽上陽宮と類似した護岸や景石を設えた部分があったのではなかろうか。粟田真人が入唐した則天武后治世下の唐（周）の首都は洛陽であり、上陽宮は、彼女の治世に先立つ唐暦上元二年（六七五）、夫である高宗が洛陽に造営した宮殿である。造営には当時すでに政治の実権を握っていたと見られる彼女が関与した可能性も小さくない。ちなみに、則天武后が退位後の唐暦神龍元年（七〇五）、その生涯を終えたのが他ならぬ上陽宮であったのだが、この上陽宮に関する情報を真人が在唐中に入手したことも十分に考えられるところである。文献史料には残されていないが、あるいは真人一行が洛陽を訪れ、上陽宮を実見したことも考えられないわけではない。ところで、上陽宮については、一九八九～九三年、中国社会科学院考古研究所によって発掘調査が行われ、園池を中心とした庭園の状況が明らかになっている。図・写真（図Ⅰ—17・18）を含む報文(16)によれば、池は幅広い流れ状の自然風景的な平面を持ち、護岸は自然石の特質を生かした石積による部分と卵石《らんせき》護岸による部分が大半を占める。卵石護岸とは、緩勾配の岸辺に卵大の石を敷き詰めた護岸であり、基本的には州浜と同様の手法と見てよい。さらに、水辺を中心に自然石が景石として用いられていた。七世紀後期の唐の最新庭園デザインは上記のようなものであったわけである。

奈良時代庭園デザインと洛陽上陽宮

もう一度、奈良時代になってわが国に出現する園池のデザインに具体的に立ち返り、上陽宮園池のそれと比較しておこう。まず、奈良時代庭園では、池の平面は、おおむね直線や幾何学的曲線を排除した自然風景的な曲池であるが、これは上陽宮園池の平面もほぼ同様である。また、護岸は州浜が主流を占めるが、上陽宮でも部分的に州浜に類似した卵石護岸が用いられている。さらに、庭園装飾では、自然石を用いた景石や石組が中心となるが、上陽宮でも自然石を景石として用いている。このように、奈良時代の庭園のデザインには上陽宮に見られる七世紀後期の唐の庭園デザインの影響が色濃いことがうかがえる。これまで、州浜は日本庭園独自のデザインで、日本の海浜景観を庭園に再現しようとしたもの、との認識[17]が比較的広く受け入れられていた。また、平城京では古墳の周濠を園池として再利用することがあったため、古墳の墳丘の葺石手法を援用して州浜のデザインが確立した、との見方もある[18]。さらに、仏像の州浜座など典拠となる図像の唐からの新来を契機として成立したデザイン、との考え方もある[19]。いずれも顧慮すべきものではあるが、庭園のモデルとしてはやはり実在の庭園を想定するのが理解しやすい。なお、太液池に見られる、池に島（神仙島）を浮かべる庭園の形式については、中国では秦（紀元前三世紀）、漢（紀元前二～三世紀）以来の伝統を持つものであり、その理念はすでに飛鳥時代から、おそらく百済経由で日本に伝わっていたものと考えられる[20]。中島を持つ飛鳥京跡苑池遺構などは、そうした理念に基づく造形であったと見られる。ただ、細部デザイン的には、石積護岸を持つ方池が主流であった百済から伝えられたものを基本とする作庭技術を用いたため[21]、園池については幾何学的な平面を採り、護岸手法もそれまでの石積手法を踏襲しているのであろう。

唐の庭園デザインに関する情報を受けて、奈良時代初頭から曲池・州浜・景石の園池が、平城宮・京で作られる。これらが上陽宮あるいは太液池をはじめとする唐の庭園デザインをモデルにしたものであってみれば、唐長安城の平面計画を規範とした平城京への遷都と軌を一にするのは、当然の成り行きであった。平城宮佐紀池、平城京左京一条三坊十五・十六坪、平城京左京三条二坊二坪（長屋王邸東庭園）などがそれである。しかし、それらは、必ずしも唐の庭園デザインの引き写しというものでもない。例えば州浜を見ると、上陽宮の卵石護岸とは違い、石をそろえるような技法は用いていない。もちろん、唐の庭園デザインの情報が微細な部分までは伝わらなかったということもあろうが、やはり実景としての日本の海浜景観が庭園デザインに影響を与えたり、あるいは平城京左京一条三坊十五・十六坪などでは、園池築造の基盤となった古墳周濠の葺石のありようが技法のヒントになったということであろう。

以上、日本庭園の曲池・州浜・景石のデザインは、七世紀末の唐長安城・洛陽城の庭園デザインの情報をもとに、奈良時代初頭すなわち唐長安城の平面計画をモデルに造営された平城京遷都と時を同じくして導入されたものであることを述べて来た。ここで、いまのところ文献上の事例とはいえ、飛鳥時代と奈良時代の庭園デザインの変化を解く鍵と見られてきた島の宮の庭園について触れておかねばなるまい。

島の宮庭園

『万葉集』巻二には、天武・持統天皇の皇子・草壁の逝去にあたって詠われた挽歌が収められ、そこに皇子が居所とした島の宮の庭園の情景がうかがえる。

島の宮勾《まがり》の池の放ち鳥人目に恋ひて池に潜かず
御立たしの島の荒磯《ありそ》を今見れば生ひざりし草生ひにけるかも
水伝ふ磯の浦廻《うらみ》の石つつじ茂く咲く道をまた見なむかも

図Ⅰ－19　新羅雁鴨池 航空写真

図Ⅰ－20　新羅雁鴨池 島の護岸石積・景石群

これらの歌に詠われる「勾の池」「荒磯」「磯の浦廻」といった表現は、幾何学的な平面を持ち石積護岸をめぐらした園池を持つ飛鳥時代庭園のイメージとは異なっており、[22]たしかに現代の我々の感覚からすれば、自然風景的なデザインの庭園が思い浮かぶ。そのことから、この庭園こそが自然風景的な奈良時代庭園デザインのさきがけをなすのではないか、と見る意見が多い。[23]とはいえ、草壁皇子の逝去は、粟田真人の遣唐使より十年以上前の持統天皇三年（六八九）のことである。

これらの歌が実景を詠んだものとすれば、庭園は、もちろんそれまでに完成していたはずである。この島の宮の庭園をどう解釈するか。想像の域を越えるものではないが、私はこの庭園は、新羅からもたらされたデザインを持ったものではなかったかと考えている。日本と新羅は天智天皇二年（六六三）の白村江の戦いで直接激しい戦火を交えたが、五年後の天智天皇七年（六六八）には国交を回復、以後両国の使節は頻繁な往来を継続している。こうしたなか、島の宮庭園のデザインには、当時の新羅からもたらされた庭園デザイン、具体的には文武王十四年（六七四）に造営された雁鴨池（図Ⅰ―19・20）に見られる、汀線に出入りの多い曲池、石積護岸、自然石の景石といったデザインが導入されたのかもしれない。[24]だとすれば、それまで飛鳥京跡苑池（『日本書紀』天武天皇十四年（六八五）十一月六日条の「白錦後苑《しらにしきのみその》」に比定される）などに見られる幾何学的平面の池、石積護岸、石造物といった百済的要素の色濃い庭園を見慣れていた当時の飛鳥人にとって、複雑な平面を持つ曲池は「勾の池」と認識され、「磯の浦廻」と表現するにふさわしい部分や「荒磯」と呼ぶに値する護岸景石群（石組）もあったのだろう。とはいえ、それは、唐の庭園をモデルとした曲池・州浜・景石からなる奈良時代の庭園デザインとは、石積護岸などを用いる点で、やはり異なったものであったに違いない。発掘調査による島の宮庭園の発見と解明が期待される。

三　日本庭園史の画期―平城宮東院庭園後期

奈良時代になって庭園デザインは唐の影響を受けたものへと大転換をとげたことは前述のとおりである。とはいえ、飛鳥時代的な作庭技法が一掃されたわけではない。曲池といいつつも幾何学的な要素を若干残す平面、護岸の石積や立石列といった技法なども併行して使われていた。その典型的なものが平城宮東院庭園前期である。東院庭園前期は、先行して掘られたL字形の池の平面に出入りをつけて作られたと見られ、護岸にも州浜のほか石積や立石列が用いられている。すでに奈良時代初頭から曲池・州浜・景石のデザインが出現しているにもかかわらず、東院庭園前期でこのような手法が採られた理由は明らかではない。

しかし、このようなデザインも東院庭園後期への改修によって一掃される。出島と入江が連続する、まさに曲池と呼ぶに相応しい池の平面。池底に小石を撒き均し、それがそのまま緩勾配の岸辺を覆う優美な州浜。出島の先端などに所を得て配された景石。北岸の出島上の築山《つきやま》にあって庭景の焦点となる力強い石組。これらは飛鳥時代の庭園デザインから完全に脱却し、しかも唐から移入したデザインを基盤にしつつも、日本風へのアレンジが完成の域に達していることを示している。

以後、日本庭園の構成と細部デザインは、ここで確立されたものを基盤として多様な展開を見せることになる。そうした意味で、平城宮東院庭園後期におけるデザインは、まさに日本庭園史上の画期をなしたものと位置づけて然るべきであろう。

註

（1）数値は数え方によって若干前後する。ここでは、飛鳥時代のものについて「島庄遺跡方池」と「島庄遺跡方池北方」「石神遺跡方池A」と「石神遺跡方池B」をそれぞれ別件として扱った。

（2）同じく、奈良時代のものについては、長屋王邸内の「平城京左京三条二坊二坪」（西庭園）と「平城京左京三条二坊七坪」（東庭園）、松林苑内の「猫塚」と「大和二〇号墳利用」を別件として扱った。

（3）園池ではなく貯水池とする見解（河上邦彦「飛鳥嶋宮推定地の調査」『奈良文化財研究所平成十四年度古代庭園研究会資料』）もある。たしかに、この方池は貯水機能も併せ持った可能性が大きいが、当時の最新技術を駆使して巨大な池と周囲の堤防を全面石積・石張で構築したデザインのなかに、園池的な修景の意識があったことは否定できないと考えられる。

（4）流れ部分については、一九八七年の遺構検出時以来、自然風景的な護岸との見方があったが（亀田博「島庄遺跡庭園遺構」『発掘庭園資料』一九九八年など）、平面的には直線であり、一見自然風景的に見える護岸の状況も石積が崩れたものと見るのが妥当であろう。

（5）南池の南岸から東岸にかけての汀線は河岸段丘に沿った曲線を描くものと推定されるが、全体的には幾何学的な平面と見てよいだろう。〈追加註〉二〇一二年の奈良県立橿原考古学研究所による調査の結果、南池の平面は五角形であることがわかった。

（6）〈追加註〉その後、この園池は中世に築造されたものであることが明らかになった。

（7）〈追加註〉二〇〇五年の奈良県立橿原考古学研究所による飛鳥正宮内裏の調査で、飛鳥浄御原宮の時代の州浜が確認された。

（8）田中哲雄「古代庭園の立地と意匠」『造園の歴史と文化』養賢堂、一九八七年

（9）このことは、『日本書紀』推古天皇二十年（六一二）是歳条にある、百済からの渡来人・路子工が（小墾田宮の）南庭に「須弥山形」と「呉橋」を築いた、との記事に端的に示される。

（10）新羅・雁鴨池の庭園デザインには、池の平面や景石としての自然石の利用に唐の庭園デザインの影響が看取できる。

（11）森克巳『遣唐使』至文堂、一九五五年、山尾幸久「遣唐使」『東アジア世界における日本古代史講座六』学生社、一九八二年など。

（12）小澤毅「古代都市『藤原京』の成立」『考古学研究』四四巻三号、一九八七年。

（13）当時、則天武后は即位しており、国名も周と改めていた。このため、則天武后は武則天、唐は周とするのが妥当とも思われる

が、このことは本論の主要テーマではないので、通用している則天武后、唐を用いることにする。

(14)　太液池（蓬萊池）の文献上の初見は『旧唐書』元和十二年（八一七）五月己酉条「作蓬萊池周廊四百間」であるが、七世紀に大明宮と一体的に築造されたものと考えるのが妥当であろう。

(15)　二〇〇二年度の園池西岸の調査では、杭護岸や転落した景石が検出されている。

(16)　中国社会科学院考古研究所洛陽唐城隊「洛陽唐東都上陽宮園林遺址発掘簡報」『考古』一九九八—二。

(17)　田中哲雄「州浜」『造園修景大事典』巻五、同朋舎出版、一九八〇年。

(18)　本中眞「平城宮東院庭園に見る意匠・工法の系譜について」『造園雑誌』五五巻五号、一九九二年。

(19)　岩永省三「奈良時代庭園の造形意匠」『古代庭園の思想』角川書店、二〇〇二年。

(20)　『三国史記』百済本紀武王三十五年（六三四）条に「春三月、穿池於宮南引水二十余里。四岸植以楊柳。水中築島嶼擬方丈仙山。」とあり、「方丈仙山」の表現から、百済では少なくとも理念的には中国の神仙思想の影響を受けた池と島の庭園が作られていたことがわかる。

(21)　高瀬要一「古代東アジア（中国・韓国・日本）の方池」（『第五届中日韓風景園林学術討会論文集』二〇〇二年）では、百済など朝鮮半島諸国の方池から飛鳥時代の日本の方池への系譜関係を否定するが、これは石積工法や底石の有無といった現象面のみからの憶測にすぎない。方池を考えるとき方形の水面を作るという目的の同一性が第一義的に重要であり、百済との交流の中でさまざまな文化・技術がもたらされたという当時の時代背景を考えれば、方池が百済からわが国へもたらされた園池デザインであることは明らかであろう。

(22)　島庄遺跡方池を草壁皇子の島宮にあてる見解（秋山日出雄「飛鳥島庄の苑池遺跡」『仏教芸術』一〇九号、一九七六年など）もあったが、『万葉集』の描写と発掘された方池を同一のものと見なすのは、あまりに強引な比定といわざるを得ない。

(23)　牛川喜幸『古代庭園の研究—水をめぐる造形の系譜—』私家版、一九九三年。

(24)　新羅の庭園デザインは多く唐からの影響を受けたものであったが、石積護岸はそれ以前の朝鮮半島での手法に基づくものであったのだろう。

第二章

平安時代初期における離宮の庭園
――神泉苑と嵯峨院をめぐって――

はじめに

延暦十三年（七九四）十月、桓武天皇は長岡京から平安京へと遷った。遷都にあたり、陰陽道で「革命」の時にあたる辛酉の日（二十二日）を選んでいるところに、長岡遷都に挫折した桓武天皇のなみなみならぬ決意がうかがえる。(1) 翌月に発せられた遷都の詔は、「此国山河襟帯、自然作城。因斯形勝、可制新号。宜改山背国為山城国」（『日本後紀』延暦十三年（七九四）十一月八日条）と述べ、新都の地形あるいは環境の素晴らしさを褒め称えている。とはいえ、このときには京全体の造営はもとより、大極殿をはじめとした大内裏（平安宮）すらほとんど整備されておらず、それらがいちおうの外観を整えるまでに、このあと十年を超える歳月を要することになる。

こうしたなか、奈良時代以来の律令制における儀式・宴遊の場として、欠くべからざる存在であった宮苑に注目すると、大内裏のなかには平城宮における西池宮や東院庭園のような園池を中心とした区画はとくに設けられず、代わって大内裏に隣接する場所に広大な京内離宮である神泉苑の造営が、大内裏の造営と並行して進められる。平安宮ならびに京の北方に目を向けると、平城宮および京の北方に設けられた松林苑《しょうりんえん》のような区画された外苑が設けられた形跡はない。一方で、平安京の北方西部から西方にかけての「北野」、同じく北方東部の「紫野」と呼ばれた原野のなかには、天皇専用の「禁野」をはじめとした遊猟地が設けられており、そこには皇族が用いる山荘が営まれることも少なからずあったようである。(2)北野にあって嵯峨天皇が皇子の時代から営んだ山荘で、後に離宮となり、さらに嵯峨天皇の退位後は仙洞御所となる嵯峨院も、そうした山荘の一つであった。

本章では、平安時代初期の京内および京外の離宮である神泉苑と嵯峨院に着目し、前者については主に空間構成の淵源について、また後者については主に立地的特性について、文献史料や現地の地形の把握を基に考察を進めたい。なお、神泉苑や嵯峨院については、先学による多くの研究の蓄積がある。参考にさせていただいた主なものについては、「参考文献」として末尾に付した。本章はこれらに負うところ大であることをあらかじめ記しておきたい。

一　神泉苑の空間構成

1　神泉苑

神泉苑（図Ⅱ—1）は、平安京の左京三条一坊九町から十六町までの八町、すなわち平安京大内裏に隣接する東西二五二メートル、南北五一六メートルの広大な区域を占める離宮であった。神泉苑が記録にあらわれる最初は、『日本紀略』延暦十九年（八〇〇）七月十九日条の「幸神泉苑」。「幸（みゆきす）」の用語により、大内裏に隣接するとはいえ、神泉苑が明確に宮外にある離宮と認識されていたことがわかる。

図Ⅱ－1　神泉苑現況

『日本紀略』を見ると、桓武天皇の行幸は延暦二十年六月四日にも見え、さらに延暦二十一年になると二月の三度を皮切りに八月まで毎月のように行幸が続く。しかも、二月二日条には「幸神泉、々々泛舟、曲宴」とあり、池に船を浮かべての小宴が催されたことがうかがえる。神泉苑がこの頃に名実ともに完成したと見るのは、しごく当然であろう。大内裏の竣工は造宮職が廃された延暦二十四年（八〇五）頃のことと見られ、さすれば神泉苑の方が大内裏に先んじて完成していたわけである。桓武の行幸は、この後も延暦二十二年、二十三年と頻繁に見られる。

引き続く平城天皇も三年間という短い在位期間にもかかわらず、神泉苑への行幸は数多い。なかでも、注目されるのは、『日本紀略』大同二年（八〇七）九月九日条に見える「幸神泉苑観射」と、同じく大同三年七月七日条の「幸神泉苑観相撲令文人賦七夕詩」である。すなわち、七月七日、九月九日の節会の場として神泉苑が用いられたのである。このことは、神泉苑への行幸が群を抜いて多かった嵯峨天皇の時代にも引き継がれる。七月七日、九月九日の節会の行事の場としての神泉苑の地位が嵯峨天皇の時代に揺るぎのないものになっていったことは、『日本後紀』または『日本紀略』に前者に関する記事六件、後者に関する記事七件が見えることから明らかである。また、『日本紀略』弘仁二年（八一一）五月十二日条には、「幸神泉苑、帝自茲以後、毎至暇日避暑於此」とある。大内裏に隣接する立地とはいえ、涼味をそそる池を持つ神泉苑は「避暑」の場としてとりわけ適所だったのであろう。思いめぐらせれば、七月七日の相撲の節会の頃は、まだまだ残暑きびしい折でもあり、神泉苑がその舞台とされたのはこのことによるのかもしれない。さらに、『日本紀略』弘仁三年二月十二日条に見える記事は[3]、桜を愛でるはじめての公的な花宴の場として用いられたのが神泉苑であることを示すものとして有名である。

淳和天皇の時代になると記録に残る神泉苑への行幸は大きくその数を減ずるが、注目されるのが天長四年（八二七）から翌五年にかけて集中的に見える釣魚である[4]。さらに、仁明天皇の時代になると、承和二年（八三五）を初例として水禽を獲物とする鷹狩りの記事が頻出する[5]。水禽とは冬に渡ってくる鴨類のこと。これらを獲物とした鷹狩りの場となったことは、夏を中心に春・秋までのものであった神泉苑の利用が冬にまで及ぶようになったことを意味する。この時代にはまた、観魚の記事も見える[6]。

平安時代の早い時期における神泉苑を、行幸とくに天皇による利用の面から見てきたが、いま一つ注目すべきが祈雨・請雨の場としての役割である。早くも弘仁十年（八一九）には、嵯峨天皇が行幸して神泉苑の一角にあった貴布《きぶ》禰《ね》社で祈雨を行なっており[7]、その後も空海に祈雨修法をさせるなど、その豊かな池水にちなんだ役割を演じることになる。

こうした神泉苑のありようを見るとき、その名の由来ともなった湧水とそれを水源とする池の存在なくしては、神泉苑自体の存在もなかったといえよう。池を中心に配された建物群も含めた全体像については、太田静六氏が『日本

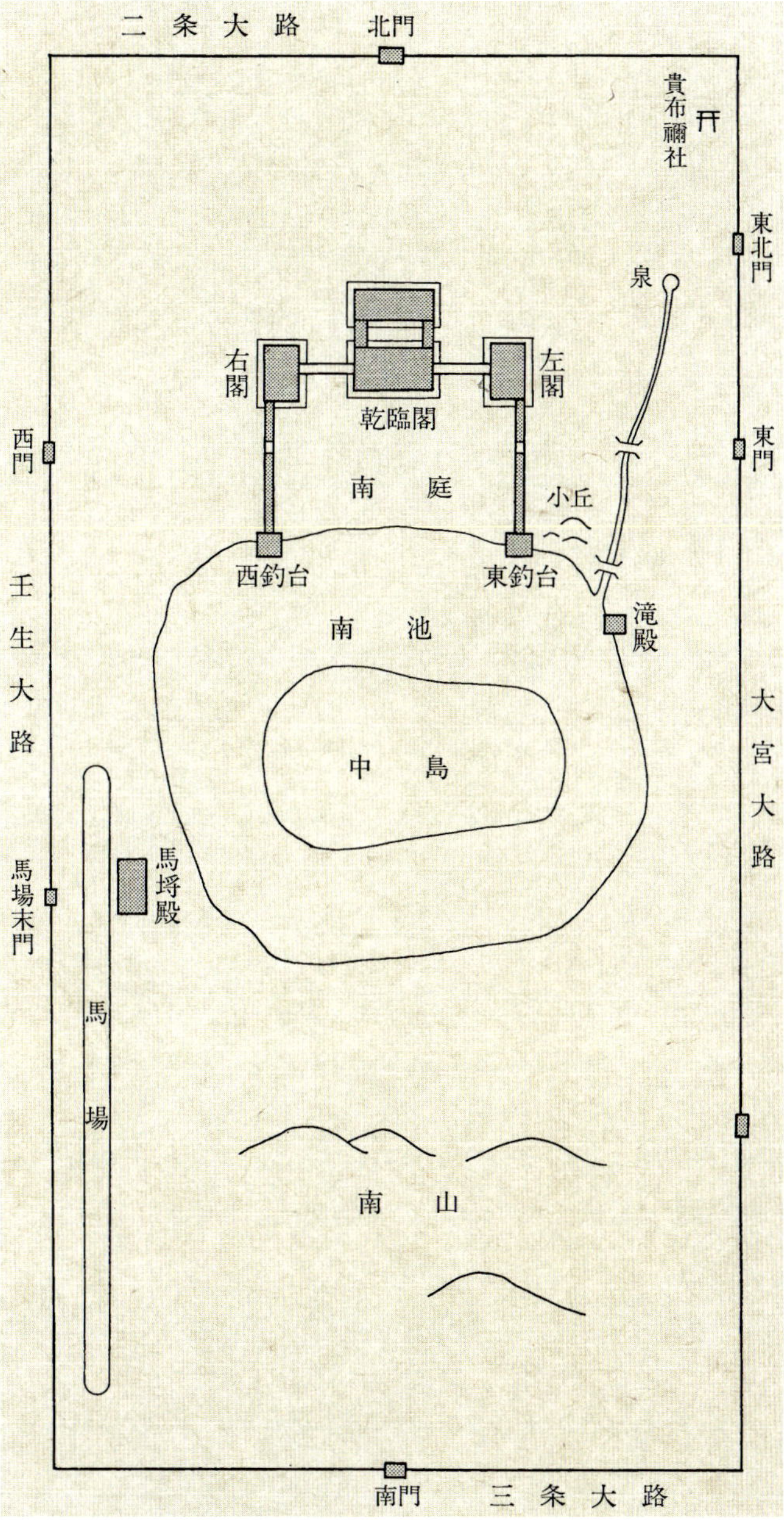

図Ⅱ－2　神泉苑推定復原図

後紀』『日本紀略』のほか『内裏式』『拾芥抄《しゅうがいしょう》』『三代実録』などの文献史料や『伝永久五年　神泉苑指図』(田中勘兵衛氏所蔵)、『康正三年　神泉苑古図』(京都大学国史研究室所蔵)、『神泉苑古図』(東寺所蔵)といった絵画史料を基に考察をすすめ、推定復原平面図を作成している(図Ⅱ―2)。

ところで、園池と建物群からなる神泉苑のこうした空間構成を考えるにあたり、中国や朝鮮半島を含めた東アジアの視点が必要であることは、すでに先行研究によって着目されている。太田静六氏は、そのモデルとして唐長安城興《こう》慶宮《けいきゅう》を挙げ(8)、吉野秋二氏は百済最後の都泗沘《しび》(扶余)の「宮南池」を挙げる(9)。そのいずれに、より蓋然性が認められるのか、あるいは別のモデルが存在するのか、以下に検討を進めたい。

2　神泉苑のモデルはどこか

まず、太田静六氏が神泉苑のモデルとする唐長安城興慶宮について、その概要を見ておこう。その位置は、唐長安城の東辺北部、大明宮から見ると東南方にあたり、中国西安市にあるその跡地の一帯は現在は興慶宮公園となっている。このあたりは、もともと隆慶坊と呼ばれた区画で、玄宗皇帝は王子の頃よりここで生活していたが、即位すると興慶宮を造営、開元十六年(七二八)には朝廷をここに移している。宮内にある池は「龍池」と呼ばれ、玄宗が王子であったころ水が湧き出し池となったとの伝説を持つ。興慶宮の図は数点が知られる。このうち最も克明に描かれているのが、宋代に呂大坊が制作したとされる図Ⅱ―3である。この図によれば、龍池は敷地の中央南部を占めやや東西に長く、池東岸に沈香亭、南岸に龍堂が建つ。また、清代の徐松制作の図Ⅱ―4では、構成要素に関し、図柄ではなく文字表記で位置を示すだけであるが、龍池が敷地中央にあり、池に接して興慶殿・南薫殿・交泰殿・沈香亭などが建つ模様を示す。両図とも文献などをもとに後世に描かれたもので、唐代の実態を正確に表現したものとはいい切

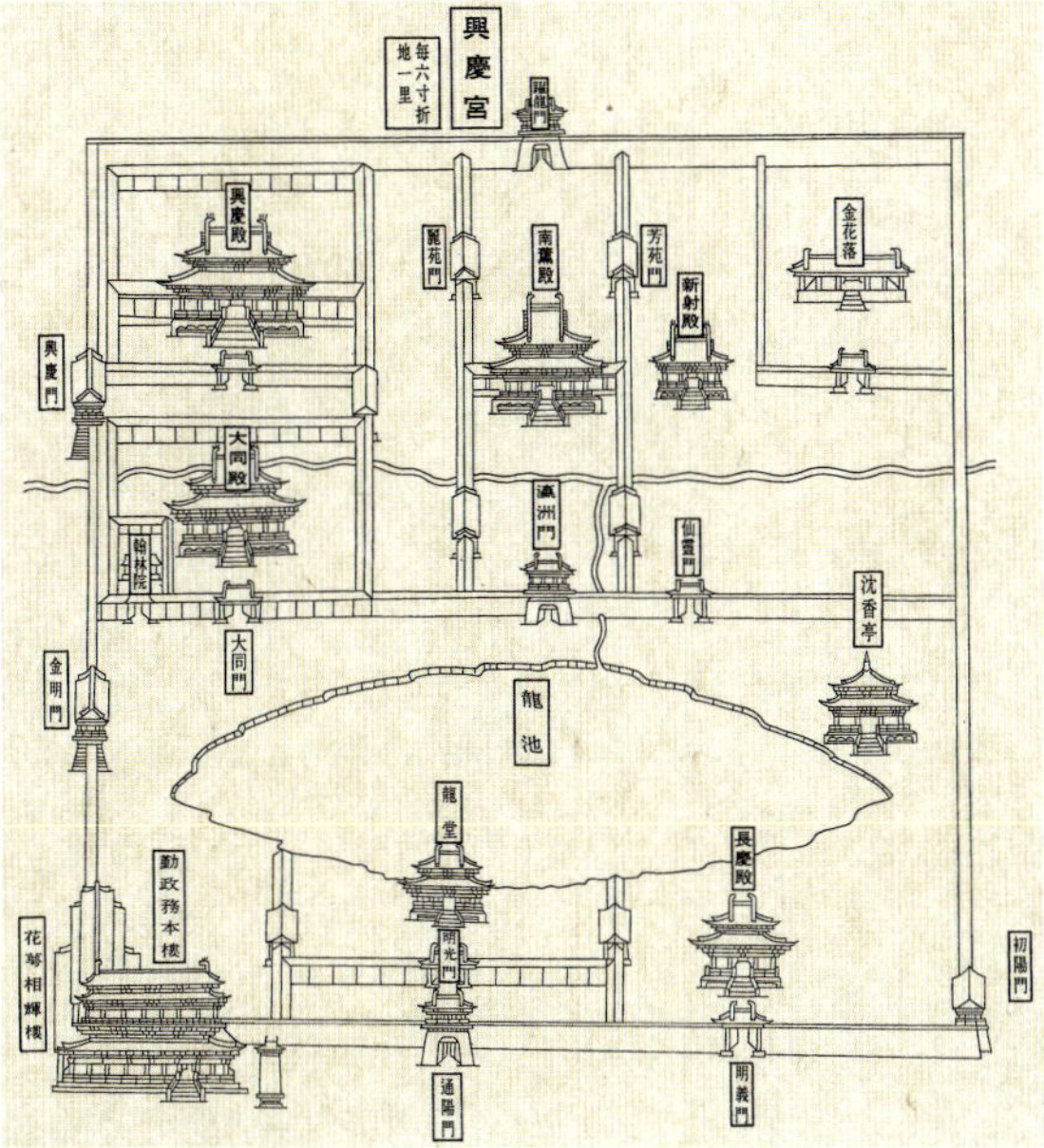

図Ⅱ－3　興慶宮図（宋）

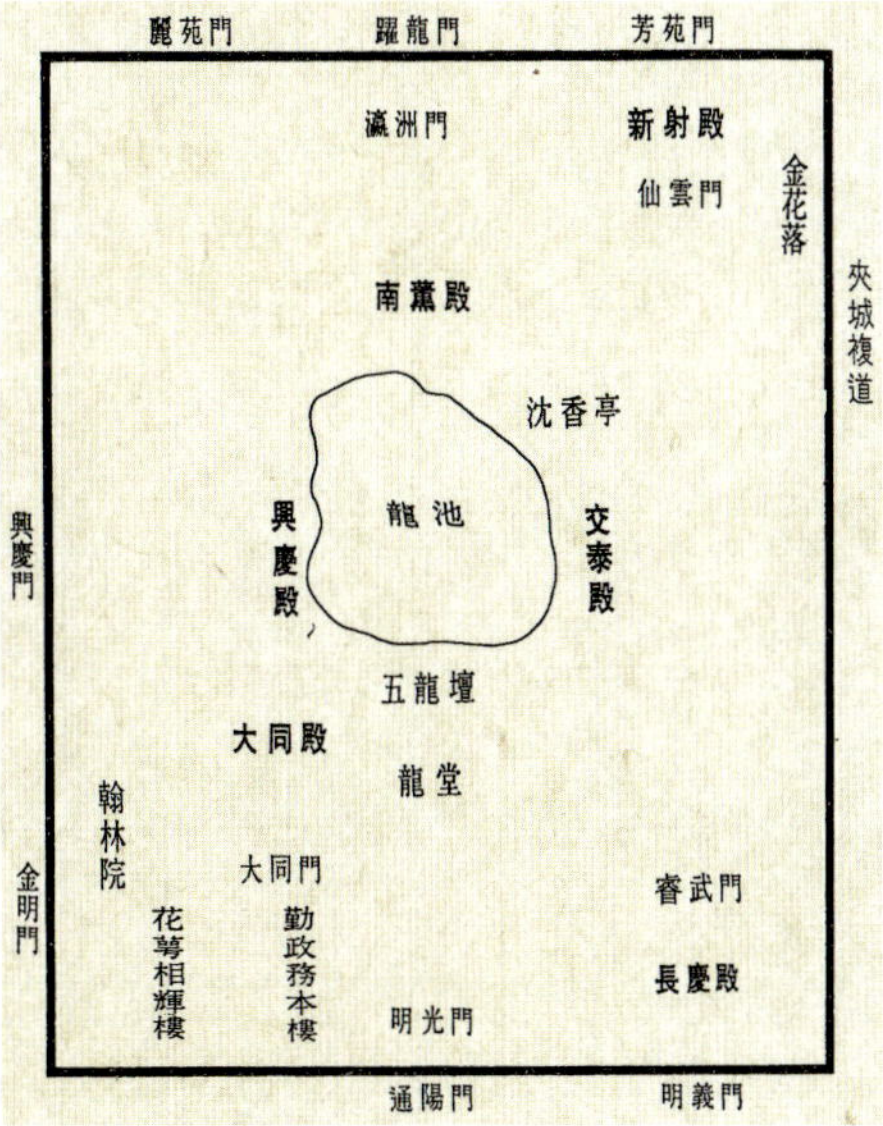

図Ⅱ－4　興慶宮図（清）

れない。そうしたなか、太田氏が神泉苑のモデルとして興慶宮を想定する根拠は、いずれも区画内に大きな池を持つ点、ならびに平安京と唐長安城の枢要部に位置する点である。

一方、吉野秋二氏が神泉苑のモデルとする百済の都、泗沘（扶余）の宮南池の位置については、『三国史記』百済本紀武王三十七年（六三六）七月条に宮南池が王宮の南方にあったことを示す記述があるだけで、いまだ現地での比定には至っていない。ちなみに、現在「宮南池」として整備されている場所の発掘調査では、七世紀の園池遺構は確認されておらず、この位置に宮南池があった可能性はきわめて低い。また、吉野氏は、同条に宮南池の周囲には柳が植えられ、池には島があったとの記述を神泉苑と結びつける。飛田範夫氏は、『経国集』（巻一）に所収の太上天皇（嵯峨）が神泉苑で詠んだ詩に「柳の岸」の語句が見えることを指摘しているが、併せて松、桜、楓、竹など神泉苑での多様な植栽の存在を指摘しており、四周を柳で囲われたという景観で宮南池と共通するとは決していえない。島の存在については、神泉苑の池に島が設けられていたことは確かであるが、宮南池については、十一世紀の編纂史料である『三国史記』に記述されるだけで、実態は全く不明である。また、吉野氏は、桓武天皇の時代が百済文化の色彩が濃厚であるとの傍証を挙げるが、たとえ桓武天皇が百済王族の末裔とされる百済王家との関係が深かったとしても、そもそも二百数十年前に滅亡した百済の園池が新造する離宮の園池のモデルとなったと考えるのは、あまりに飛躍が過ぎよう。

私は、神泉苑のモデルは興慶宮であったのではないかという太田氏の見解に基本的には賛意を表したいと思うが、池の存在と京（城）内での枢要地という立地の共通性という太田氏の根拠は、必ずしも強固なものではない。結論からいうと、渤海《ぼっかい》の首都・上京龍泉府において興慶宮をモデルとして築造された「禁苑」を実際のモデルとしたのが神泉苑ではなかったかと考える。

3　渤海上京龍泉府禁苑

渤海は、靺鞨《まっかつ》族や唐に滅ぼされた高句麗の遺民らにより七世紀末に建てられた震国をもととし、現在の中国東北地方（吉林省と黒龍江省）を中心に朝鮮半島北部東半からロシア沿海州南部を領域とした国家である。建国者の大祚栄《だいそえい》が七一三年に唐の玄宗皇帝から渤海郡王に冊封されたことから、渤海を国名とした。唐との通交は、三代王の大欽茂《だいきんも》が渤海国王に冊封された八世紀半ば以降にはきわめて盛んで、渤海から唐へは毎年のように遣使され、また、日本との通交も奈良時代以降、十世紀に渤海が滅亡するまで盛んであった。

渤海の都の変遷を見ると、七三七年前後に建国当初の「旧国」から中京顕徳府（吉林省和龍市所在の「西古城」と推定される）に遷り、さらに七五四年に中京顕徳府から上京龍泉府（黒竜江省牡丹江市・寧安市渤海鎮）に遷都する。その後、七八五年からの十年間は東京龍原府（吉林省琿春市所在の「八連城」と推定される）が首都となるが、七九四年に再び上京龍泉府に都が還った後は、遼（契丹）の耶律《やりつ》阿保機《あぼき》により滅ぼされるまで上京龍泉府が首都として続いた。

上京龍泉府の遺跡の遺存状況はきわめて良好で（図Ⅱ—5）、太平洋戦争前、日本の東亜考古学会が調査を実施し、その成果は『東京城—渤海上京龍泉府の址の発掘調査—』として刊行された。戦後は中国による渤海研究が進められており、一九六三〜六四年の中国・北朝鮮による合同調査をはじめとして一九八〇年代以降には大規模な発掘調査も行われ、近年では発掘調査に基づいた基壇復元などの遺跡整備も行われている。加えて、日本における渤海研究も、近年においては歴史学・考古学・地理学などの研究者による各種方法論からの研究成果が蓄積されている。

上京龍泉府の構造は、上記の一連の研究成果に基づき、宮殿区画である「宮城」とその南辺に位置する「皇城」が都市域である「外城」の北辺中央に位置することが明らかにされている。そして、その平面計画については、唐長安

図Ⅱ－5　上京龍泉府禁苑跡　礎石建物跡（手前）と園池（奥左）

城との類似性、すなわち上京龍泉府が唐長安城をモデルとしたものであろうことは、かねてより指摘されてきた。そうしたなか、上京龍泉府都城造営計画の詳細な検討を行なった井上和人氏は、唐長安城との類似を認めつつも平城京との類似を指摘して上京龍泉府が平城京をモデルとした可能性に言及し、新たな問題を提起している[10]。

庭園の観点から注目すべきは、いうまでもなく上京龍泉府禁苑（以下、「上京禁苑」という）の遺跡である。この上京禁苑は、宮殿が建ち並ぶ「宮城」中心区画の南部東辺に隣接する。まず、上京禁苑の構成と意匠に注目してみたい。その区画は東西約二〇〇メートル、南北約三二〇メートル。池は中央やや北よりに位置し東西約一一〇メートル、南北約一六〇メートルの規模で、池北部には築山状の円島（直径約三〇メートル）が東西に二つ並ぶ。さらに、池南部には一辺約一八メートルの隅丸方形の低い島を配している。池の水源は不明であるが、現在も湿地状の高水位状態であることや「龍泉府」の名称を考え合わせると、湧泉であった可能性も十分に考えられる。建物の規模や配置については、遺された礎石の存在から想定できる。池の北方には七間四面の正殿があり、そこから単廊の構造を持つ翼廊が東には直進、西には直進後南折する。両翼廊とも先端に小建物が建っていたと見られ、また、東西二島の上には八角楼が建ち、二島間には橋が架かっていたものと推定される。くわえて、池南岸にも東西棟建物の存在をうかがわせる礎石が見られる。『東京城』所載図に加筆調整したのが、図Ⅱ―6である。

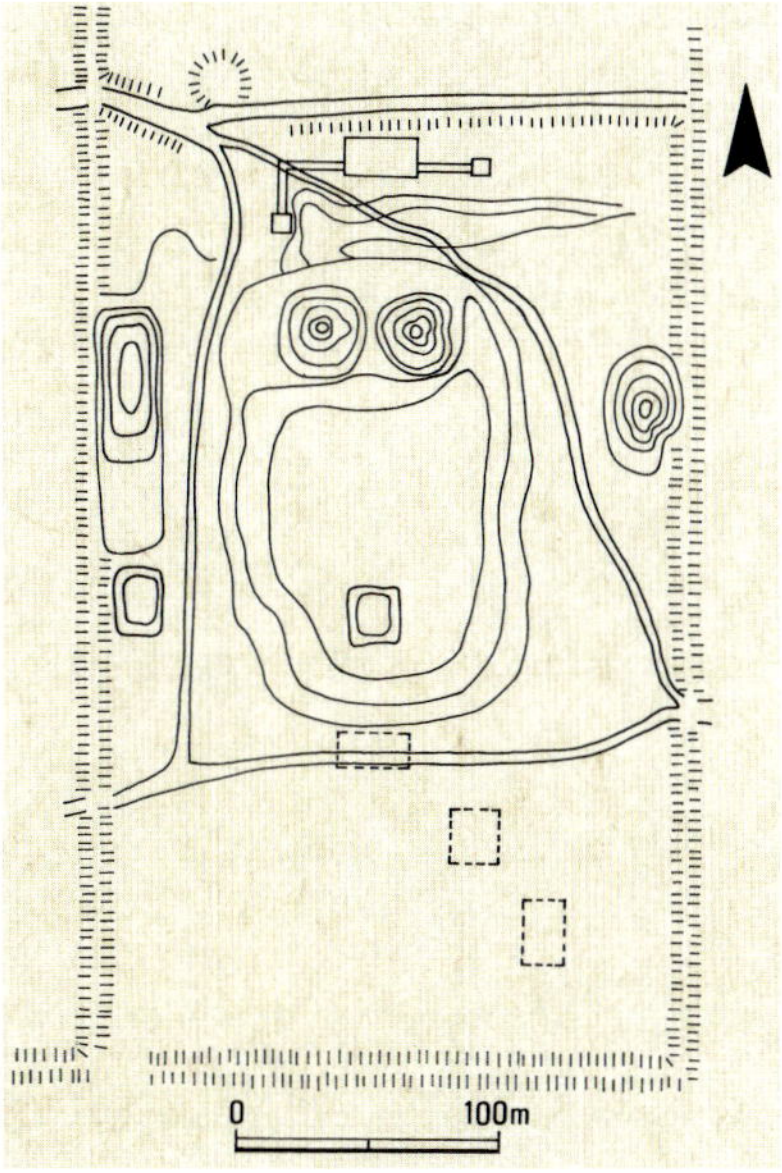

図Ⅱ－6　上京龍泉府禁苑跡平面図

4　神泉苑の空間構成の淵源

以上に見た上京禁苑は、翼廊を持つ正殿の南面に大規模な池を配置するという基本的な平面計画で神泉苑と合致する。上京禁苑が宮内に所在したのに対し、神泉苑は宮外の離宮であったという違いがあるとはいえ、神泉苑も宮に隣接している。そもそも神泉苑の位置は湧泉の位置によって規定されたものと考えるのが妥当であり、上京禁苑の園池の水源が湧泉であったとすれば、むしろその点で一致を見ることになる。神泉苑と上京禁苑は深い関係があると見てよさそうである。神泉苑が上京禁苑をモデルにしたのか、あるいはその逆か。このことは、まず造営年代から考えてみる必要があろう。神泉苑の完成は前述のように延暦二十一年（八〇二）頃と見られる。これに対し、上京禁苑の場合、もし八世紀半ばに新たに造営された都城に伴うものであったとすれば、はるかに先んじることとなるし、もし七九四年の還都後の造営だとすれば神泉苑と大差のない時期ということになる。いずれであるかを決するには発掘調査の成果を待つほかないないが、第一期上京龍泉府が三十年間にわたり都として継続的に機能していることを見ると、やはり当初の都城造営に伴うものと考えるのが自然だと思われる。とすれば、神泉苑が上京禁苑をモデルとした可能性が高くなる。

ところで、奈良時代から平安時代を通じて日本と渤海の通交が盛んであったことは前述した。実は渤海使（渤海からの遣日本使）は神亀四年（七二七）を初回として渤海滅亡の直前の延喜二十年（九二〇）まで三十五回を数えるが、日本からの遣渤海使は送渤海客使などを含め神亀五年から弘仁二年（八一一）までの間の十四回である。(11)そうしたなか、桓武天皇による平安遷都直後の延暦十五年、同十七年、同十八年と短期間に三度の遣使が目立つ。この時期、渤海においても十年ぶりの上京龍泉府への還都に伴う施設の再整備が行われたことが想定され、上京禁苑も充実した整備状態であったことが想像される。したがって、遣渤海使の帰朝報告で上京禁苑が触れられることがあったこともまた、想像されるところである。

そして、その上京禁苑は唐の興慶宮をモデルとしたものであった可能性が大きい。渤海は日本よりもはるかに唐との通交が頻りであり、大欽茂を渤海国王に冊封した玄宗皇帝ゆかりの興慶宮に関する情報も豊富であったはずだからである。実際、興慶宮が徐松図描くところのごとく園池を中心として主殿をはじめとした建物が周囲に配される構成であったとすれば、上京禁苑との類似性は大きい。

上京禁苑が唐の興慶宮をモデルとしたものという認識を日本が持ったとすれば、神泉苑の空間構成が、たとえ直接的には上京禁苑をモデルとしてなされたものであったとしても、興慶宮をモデルとしたものと位置づけられたことは十分に考えられる。であれば、政治において唐風を目指した桓武にとって、神泉苑の造営は理念上においてもきわめて意義ある事業であったと考えられるのである。以上を総合すると、神泉苑の空間構成の淵源を唐長安城興慶宮に見ることは、決して的外れではないと考えられるのである。

二　嵯峨院の立地に関する考察

1　嵯峨野—平安京の西郊

平安京は東西ならびに北の三方を山で囲われるが、都市として造営された平安京の区域とそうした山々との間はおおむね平坦な原野、すなわち「野」が広がっていた。しかも、そこは山裾に近い立地ゆえに景観に優れ、また山から流れ来る豊かで清らかな水に恵まれた地でもあった。こうした野は、天皇や貴族の遊猟地、またその拠点ともなる離宮・別業地として用いられたほか、京を守る神の鎮座する社の地となり、はたまた田畑あるいは菜園として宮中や都に農産物を供給する場となり、また地域によっては墓所・葬送地とされることもあった(12)。

平安京の西郊に位置する嵯峨野は、東は太秦、西は小倉山、北は北嵯峨の山並に囲われ、南は桂川を境とする平坦な野で、地質的には、北部が洪積台地、南部が桂川の氾濫原からなる。こうした地形・地質から立ち現れる景色は、平安京近郊の野のなかでもとりわけ美しいものがあり、清少納言が「山は小倉山」（『枕草子』第一〇段）、「野は嵯峨野さらなり」（『枕草子』第一六二段）とこの一帯の景色を第一に取り上げたのも、まこと諾えるところである。

ところで、嵯峨野は、平安時代の当初、山城国葛野《かどの》郡域の野として「北野」と呼ばれており、「嵯峨野」の文献上の初見は、『三代実録』元慶六年（八八二）十二月二十一日条の「勅、山城国葛野郡嵯峨野充元不制、今新加禁、樵夫牧豎之外、莫聴放鷹追兎」である。嵯峨野の地名については、「険《さが》し」「坂」といった地形由来の説もあるにはあるが、その初見の時期から考えても、嵯峨天皇造営の離宮嵯峨院からの命名と考えるのが妥当であろう。

2　離宮嵯峨院と大沢池

平安時代の初頭、桓武天皇、平城天皇、嵯峨天皇は葛野川（桂川）方面に度々の行幸を重ねている。この一帯は、平安遷都に際して経済力と技術力で大きな役割を果たしたとされる秦氏の本拠地であることから、行幸が秦氏の功績を称える政治的示威行為と解釈する向きもある。嵯峨天皇は、葛野川方面への行幸のなかで、この一帯の美しい風景に魅せられ、この地に離宮嵯峨院を営んだ。嵯峨院の文献上の初見は、『日本後紀』弘仁五年（八一四）閏七月二十七日条「遊猟北野、日晩御嵯峨院」であるが、まだ即位前の神野皇子の時代である延暦二十一年（八〇二）に、おそらくこの場所にすでに山荘を造営していた記録が残る。「遊猟于的野、便御親王諱嵯峨荘、賜五位已上衣被」（『類聚国史』巻三二）がそれである。「于的野」は現在の宇多野であり、嵯峨野の東方にあたる。天皇即位後、嵯峨院は離宮として用いられ、前述のような遊猟後の宿舎としての使用のほか、詩宴の場として用いられることもしばしばであったようである。[13]『類聚国史《るいじゅこくし》』巻三一の弘仁七年二月二十七日条には「幸嵯峨館、命文人賦詩、雅楽寮奏楽、賜文人已上綿有差」とあり、このときに詠まれたと考えられる嵯峨天皇御製と大伴親王（後の淳和天皇）令製の詩が『文華秀麗集』におさめられている。[14]

現在もその姿をとどめる大沢池（図Ⅱ—7）については、築造の年代やその経緯を特定するような文献史料は見当たらない。嵯峨院の滝殿の石（名古曽滝の石組か）を画師の百済川成《くだらのかわなり》（七八二—八五三）が立てたとの説話[15]や、大沢池の池面に立つ庭湖石を絵師の巨勢金岡《こせのかなおか》（九世紀代後半に活躍した画師）が立てたとの伝承があったことを示す詞書[16]が見られるものの、これらは史実とも決しがたく、詳細は不明としかいいようがない。こうしたなか、昭和五十九年（一九八四）から平成二年（一九九〇）にかけて実施された発掘調査では、名古曽滝跡から大沢池に至る区域で、九世

図Ⅱ-7　大沢池現況

紀初頭に築造され十世紀末に廃絶する蛇行水路が見つかった(17)。これは、すなわち嵯峨院から大覚寺に至る時期のものであり、その位置や優美な曲線を描く形状、水位調節用と見られる石組溝等の附帯施設の存在などから、名古曽滝から大沢池に至る遣《やり》水《みず》と推定された。その規模は最大幅一二メートル、深さ一メートルと大規模で、この遣水が大沢池への水の主要な供給経路であったことがうかがえる。この遣水の存在から考えて、大沢池本体の築造もまた、九世紀初頭の嵯峨院造営の時期にさかのぼると考えて大過あるまい。そして、堰堤を築いて広大な園池をつくるという工事に、高度な土木技術力を誇った秦氏が大きく関与したであろうことも想像に難くない。

3　嵯峨院と平安京の地形の相関

ここで、嵯峨院の位置する嵯峨野北部すなわち北嵯峨の地形に注目してみたい。丸みを帯びたいくつもの尾根と谷が連続して美しいスカイラインを織りなす北嵯峨の山塊は北から東に延びながら、北嵯峨の平地を抱くように峰を競い、さらに西には小倉山が穏やかな山容を横たえる。こうした様相は、地形図

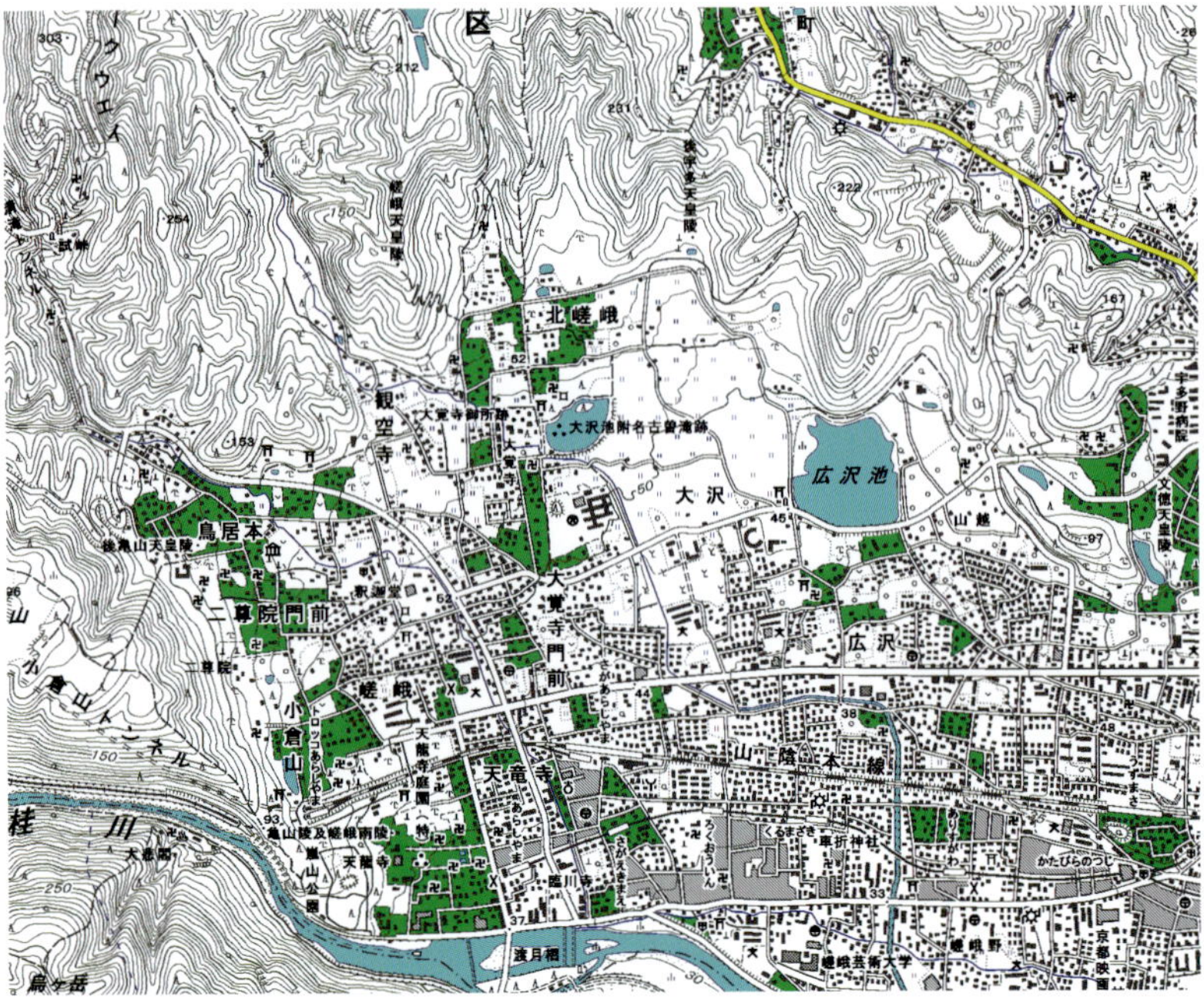

図Ⅱ－8　大沢池周辺地形図

（図Ⅱ―8）からもよくうかがえる。北方の山並の谷間からの渓流は、今でこそその流路を整理されているが、そうした人為が及ぶ以前には、平地を桂川に向けて、いわば自在に流れ下っていたに違いない。この様相は、規模こそ相当に小さいとはいえ、本章の冒頭で触れた平安遷都の詔において平安京一帯を表現した「山河襟帯《さんがきんたい》」、すなわち山が襟のように背後に立ち並び、川が帯のように平地を流れ下る、という形容にあてはまる。嵯峨天皇が、こうした地形のなかで、山麓に程近い平地の北部中央付近に離宮を営んだ行為もまた、平安京の北辺中央における大内裏の造営になぞらえることが可能であろう。さすれば、そこに配した広やかな大沢池は、さしずめ神泉苑の園池と相似の関係との解釈も可能かもしれない。むしろ、小さな平地ゆえに、大沢池の存在感は、平安京における神泉苑に倍して余りあるものがあったともいえようか。

むすび

以上、平安京内の離宮である神泉苑と京外の離宮である嵯峨院に注目して、平安時代初頭の離宮の庭園のありようを探ってきた。その結果、まず桓武天皇造営の神泉苑の空間構成については、当時わが国と通交の盛んであった渤海の上京龍泉府禁苑を直接的なモデルとしながら、実はそれがモデルとした唐長安城興慶宮をモデルとしたという位置づけがなされたのではないかとの仮説を提示した。また、嵯峨天皇造営の嵯峨院については、その位置する北嵯峨地域に着目し、東・北・西の三方を山に囲まれ南が開ける立地環境が「山河襟帯」と称された平安京と相似することを指摘した。あわせて、嵯峨院自体が平安京における大内裏、その園池たる大沢池が神泉苑と対応するという意識の可能性についても言及した。

平安時代初頭の天皇は、政治においても唐風を目指し、そこには「文章経国《もんじょうけいこく》」の理念が色濃かったという。また、天皇と文人官僚が場を一にするという重要な役割を担ったのが詩宴であったという(18)。この時期、神泉苑、嵯峨院がともに詩宴の場として多く用いられたことは、記録からも明らかである。こうした利用の形態はいうに及ばず、その造営の経緯のなかにもまた、唐風への志向が看取できることを本章において幾ばくかでも示せたとすれば幸いである。

註

（1）京都市『京都の歴史』学芸書林、一九七〇年、二三七ページ。
（2）吉野秋二「日本古代の禁苑と離宮」『平安時代庭園に関する研究三』奈良文化財研究所、二〇〇九年、二四〜二五ページ。
（3）「幸神泉苑、覧花樹、令文人賦詩、賜綿有差、花宴之節、始於此矣」（『日本紀略』弘仁三年二月十二日条）
（4）「幸神泉苑、歴覧垂釣」（『日本紀略』天長四年四月十四日）を初見として、天長四年にこれを含め三回、同五年に一回の記録が見える。
（5）「天皇幸神泉苑、放隼拂水禽」（『日本紀略』承和二年十二月二十二日）を初見として、承和三年に三回、同四年に二回、同五年と十五年に各一回の記録が見える。
（6）「行幸神泉苑先御釣台観魚、下網所獲数百」（『類聚国史』仁和元年八月十五日）、「天皇幸神泉苑、観魚」（『類聚国史』仁和二年八月十五日）。
（7）「幸神泉苑奉幣貴布禰社祈雨」（『日本紀略』弘仁十年五月十七日）。なお、貴船は平安京の水源地の一つであり、貴布禰社がそれにちなむ社であることはいうまでもない。
（8）太田静六「神泉苑の研究」『寝殿造の研究』吉川弘文館、一九八七年、四六〜四七ページ。
（9）吉野秋二「神泉苑の誕生」『史林』八八巻六号、史学研究会、二〇〇五年、二八ページ。
（10）井上和人「渤海上京龍泉府形制新考」『東アジアの都城と渤海』財団法人東洋文庫、二〇〇五年、七一〜一一〇ページ。
（11）渤海が日本に朝貢するという形式をとったため、日本側の財政的負担が大きく、日本からの遣渤海使の途絶も財政上の問に起因すると考えられている。
（12）古橋信孝『平安京の都市生活と郊外』吉川弘文館、一九九八年、四五〜七二ページ。
（13）弘仁七年に二回、同八年に二回、同九年と十年に各一回の行幸ならびに詩宴が正史に記録されている。
（14）『文華秀麗集』巻上「春日嵯峨山院。探得遅字。一首。御製。　気序如今春欲老／嵯峨山院暖光遅／峯雲不覚侵梁棟／渓水尋常対簾帷／莓苔踏破経年髪／楊柳未懸伸月眉／此地幽閑人事少／唯余風動暮猿悲」ならびに「春日侍嵯峨山院。採得廻字。應製。一首。令製。　嵯峨之院埃塵外／乍到幽情興偏催／鳥囀遙聞縁堦壑／花香近得抱窓梅／攢松嶺上風為雨／絶澗流中石作雷／地勢幽深光易暮／鑾輿且待莫東廻」。

(15)『今昔物語』巻二十四百済川成飛騨工挑語第五。

(16)『山家集』巻下一四二四。

(17)大覚寺『史跡大覚寺御所跡発掘調査報告』旧嵯峨御所大覚寺、一九九七年、四九～五二ページ。

(18)吉野秋二「神泉苑の誕生」『史林』八八巻六号、史学研究会、二〇〇五年、二二一～二二六ページ。

参考文献

京都市『京都の歴史一　平安の新京』学芸書林、一九七〇年。

西田直二郎『京都史蹟の研究』吉川弘文館、一九六一年。

太田静六『寝殿造の研究』吉川弘文館、一九八七年。

吉野秋二「神泉苑の誕生」『史林』八八巻六号、史学研究会、二〇〇五年。

田村晃一編『東アジアの都城と渤海』財団法人東洋文庫、二〇〇五年。

大覚寺『史跡大覚寺御所跡発掘調査報告』旧嵯峨御所大覚寺、一九九七年。

第三章　臨池伽藍の系譜と浄土庭園

はじめに

平等院（京都府宇治市）や浄瑠璃寺（京都府木津川市）に見るような、その寺院の中核となる仏堂の前面に池を配置する伽藍（寺院空間）を本章では「臨池伽藍《りんちがらん》」と呼ぶことにする。日本では、そのような臨池伽藍に対し、とくに強い違和感を覚える人はそれほど多くはないと思う。しかし、日本と同じく大乗仏教を信仰する東アジア諸国を見渡した時、臨池伽藍がきわめて特殊なものであることがわかる。

本章は、中国と朝鮮半島における臨池伽藍の状況を概観したうえで、なぜ日本でのみ臨池伽藍が定着・盛行したのかを、主に平安時代中・後期におけるその展開とともに明らかにし、あわせて「浄土庭園」の用語を臨池伽藍との関係において整理することを目的とする。

なお、冒頭で述べたように、本章でいう臨池伽藍とは、独立した区画を持つ寺院（大寺院の子院たるものも含む）の中核となる仏堂の前面に池を配置する伽藍であり、中核となる仏堂の前面ではない境内の一角に池を持つ伽藍は、臨

池伽藍の範疇には含めない。(1)

一　東アジア諸国における臨池伽藍

1　離宮・別業から寺院へ

中国における臨池伽藍のありようを探るとき、まず注目すべきは図像上のそれである。北斉《ほくせい》（五五〇～五七七）は、隋による中国統一の直前に中原《ちゅうげん》（黄河中流域）・華北を版図とした王朝であるが、その時代に造営された响堂山石窟《きょうどうさん》（中国河北省）のレリーフ（図Ⅲ―1）を見ると、天蓋の下に坐す中心仏の周りには左右の楼閣とともに多くの仏や飛天が描かれ、中心仏の前面および楼閣の前面には方池（方形の池）系統の池が描かれる。天蓋は仏堂を象徴するものであり、してみれば、ここに見られるのは紛れもない臨池伽藍である。そして、このレリーフが表現するのは、方池のなかの蓮華往生からうかがえるように、浄土三部経に説かれる阿弥陀浄土の情景であり、中心仏は阿弥陀仏にほかならない。

「浄土変」と呼ばれる浄土を描いたこのような図像は、この响堂山石窟だけでなく、主として唐代に描かれた敦煌《とんこう》の壁画などにも多く見られるものである。そうすると、南北朝から隋唐時代にかけて、中国において実際にこうした臨池伽藍を持つ寺院が造営されたことは十分に考えられる。ところが、南北朝時代に北朝の最初の国として鮮卑族が建てた北魏の都・洛陽城の寺院が多く描写される『洛陽伽藍記』（楊衒之著、五四七年頃）を紐解いても、池の存在を示す記述が見られるのは景明寺と大覚寺くらいで、そこにも中核仏堂の前面に池を配置した臨池伽藍と確定できるよ

図Ⅲ－１　响堂山石窟のレリーフに表現された阿弥陀浄土

うな描写は見当たらない[2]。また、唐代の寺院庭園についても、長安の大薦福寺、光明寺、招福寺などに園池のあったことが記録されるものの、その実態は明らかでないという[3]。

こうしたなか、臨池伽藍の遺構を伝える数少ない事例として、雲南省昆明市にある円通寺が挙げられる。元代創建で明代に再建された円通寺は、本堂の前面に方形に近い池を配置する[4]。池は中華民国時代の一時期には埋まってしまっており[5]、現状の池の整備はそれ以降ということになるが、山門から下り勾配で本堂に至るという立地状況からしても、標高の低い本堂の前面に池を設えるという構造自体は、おそらく当初からのものと考えて差し支えなかろう。このほか、浙江省寧波市の保国寺は、南宋時代に開削された方池が大殿の前面に配される臨池伽藍を持つ[6]。

このような事例が多少あるとはいえ、中国の歴代王朝が拠点とした中原や華北に遺存例はないことからも、中国において臨池伽藍が盛行したものとはやはり考えにくい。臨池伽藍が広く受け入れられたのは、中国では、あくまで図像としてであったといってよいのでなかろうか。

朝鮮半島の臨池伽藍についても触れておこう。結論からいうと、朝鮮半島でも臨池伽藍はほとんど造営されなかったと見てよいだろう。わずかに、新羅の都であった慶州の仏国寺において「九品蓮池《くほんれんち》」と呼ぶ池が存在したことが記録に残り、一九七〇年に行われた発掘調査で統一新羅時代の石積み護岸の池（東西長軸三九・五メートル、南北短軸二五・五メートル、深さ二～三メートル）の遺構を検出している。[7] しかし、池は回廊の外側に位置しており、中核となる仏堂の前面に配置されたものではない。

2　浄土三部経と日本における流布

ここで、中国において臨池伽藍を含む図像すなわち浄土変の典拠となった浄土三部経と日本へのこれらの経典の伝来について、確認しておきたい。浄土三部経とは、無量寿経、阿弥陀経、観無量寿経を指す。無量寿経は、無量寿（阿弥陀）仏の四十八願と極楽の情景ならびに極楽往生の方法を説いた経典で、三世紀中葉に康僧鎧《こうそうかい》によって漢訳がなされた。また、阿弥陀経は、釈尊が無量寿仏の極楽浄土の荘厳を語り、称名念仏による極楽往生を説くもので、五世紀初頭に鳩摩羅什《くまらじゅう》によって漢訳がなされた。

観無量寿経は、釈尊が韋提希夫人《いだいけぶにん》に無量寿仏とその浄土の荘厳ならびに浄土への往生のための十六種の観法[8]（心に思い浮かべ、悟ること）を説くもので、五世紀前半、畺良耶舎《きょうりょうやしゃ》による漢訳とされるが、サンスクリット語の原典が確認されていないことなどから、インドではなく中国あるいは中央アジアで撰述されたとする説が有力である。また、観無量寿経は観法に焦点をあてる点でも、無量寿経、阿弥陀経とは性格を大きく異にする。中国における浄土教発展の礎を築いた曇鸞《どんらん》（四七六？～五四二？）、道綽《どうしゃく》（五六二～六四五）に引き続き、唐代に善導（六一三～八一）が出て、教化に努めるとともに『観無量寿経疏』を著して観無量寿経の解釈を行なった。

次に、こうした浄土教の経典のわが国への伝来を文献史料で確認しておこう。まず、無量寿経が七世紀前半に公式に受け入れられていたことは、『日本書紀』の以下の記述から明らかである。

五月の丁酉朔辛丑（五日）に、大きに設斎す。よりて、恵隠《えおん》僧を請せて、無量寿経を講かしむ（舒明天皇十二年＝六四〇）。

夏四月の戊子朔壬寅（十五日）に、沙門恵隠を内裏に請せて、無量寿経を講かしむ。沙門恵資を以て、論議者とす。沙門一千を以て、作聴衆とす。丁未（二十日）に、講くことを罷む（白雉三年＝六五二）。

阿弥陀経については、『続日本紀』に見える光明皇太后の四十九日忌の際の次の記述が知られる。

七月癸丑（二十六日）、皇太后の七々の斎を東大寺併せて京師の諸の小寺に設く。その天下の諸国には国毎に阿弥陀浄土の画像を造り奉る。仍て国内の見にある僧尼を計へて称賛浄土経を写さしめ、各国分金戒光明寺に於て礼拝供養せしむ（天平宝字四年＝七六〇）。

ここに「称賛浄土経」とあるのは、阿弥陀経の異訳（玄奘訳）の「称賛浄土仏摂受経」のことである。ちなみに、このときに各国でそれぞれ急造された「阿弥陀浄土の画像」が礼拝されていることから、浄土変による信仰がすでに定着していたことがうかがえる。

観無量寿経については、『日本書紀』『続日本紀』における記載は見られないものの、早くに日本に伝来していたことは明らかである。浄土変のうち、とくに観無量寿経の内容を図像化したものを「観経変」と呼ぶが、奈良・当麻《たいま》寺に伝わる綴織の当麻曼荼羅は典型的な観経変であり、八世紀制作の中国舶来品との説が有力である。また、次項で触れるように、平城遷都に主導的な役割を果たした藤原不比等（六五九～七二〇）の没後、その夫人である縣犬養《あがたいぬかいのたちばな》橘三千代《のみちよ》が営んだと考えられる「観無量寿堂」の堂名が観無量寿経信仰によることはいうまでもなかろう。

以上、きわめて概略であるが、浄土三部経の伝来および阿弥陀浄土に対する信仰が飛鳥時代から奈良時代にかけてわが国の仏教信仰のなかでも相当の位置を占めていたことを確認した。そのうえで、以下に臨池伽藍の成立を考えてみたい。

3　日本における臨池伽藍の成立

わが国における臨池伽藍の最初期の事例として認められているのが、阿弥陀浄土院である。阿弥陀浄土院は、藤原不比等の邸宅を寺とした法華寺の一角に、天平宝字五年（七六一）に行われた光明皇太后の一周忌斎会のために造営されたもので、その位置は、奈良時代の平城京左京二条二坊一〇坪、すなわち平城宮東院庭園の東隣接地と考えられていた。(9)「浄土院」という字名に加え、天和元年（一六八一）に林宗甫《はやしそうほ》が著した地誌『和州旧跡幽考』に「浄土院或人の申、法華寺より坤《ひつじさる》一町ばかり田中に石あり。かの寺の跡なり」と記される石が遺存していたことからである。そして、この石がおそらく庭園に用いられた石と見えることから、園池の存在が予想されていたわけである。はたして、奈良文化財研究所が平成十二年（二〇〇〇）に実施した発掘調査において、池や礎石建物跡などの遺構（図Ⅲ―2）と、豪華な建物を想像させる垂木先金具《たるきさき》・釘隠し金具などが見つかった。(10)この結果、ここが阿弥陀浄土院の遺跡であり、そこには園池が営まれていたことが確認されたのである。

発掘調査面積が限られたものであったため確定はできないものの、池の広がりは推定で東西五〇メートル以上、南北五〇メートル前後と見られ、その位置は敷地の南東部を中心とする。おそらくは、阿弥陀仏の西方極楽浄土の方位観に基づき、この池の西方に阿弥陀堂が配置されていたものと推測される。だとすれば、院の中核仏堂の前面（東面）に池を配置する臨池伽藍がここに成立していたことになる。

さらに注目すべきは、礎石建物の直下に掘立柱建物が検出されたことと池が上下二層に分かれる可能性があること

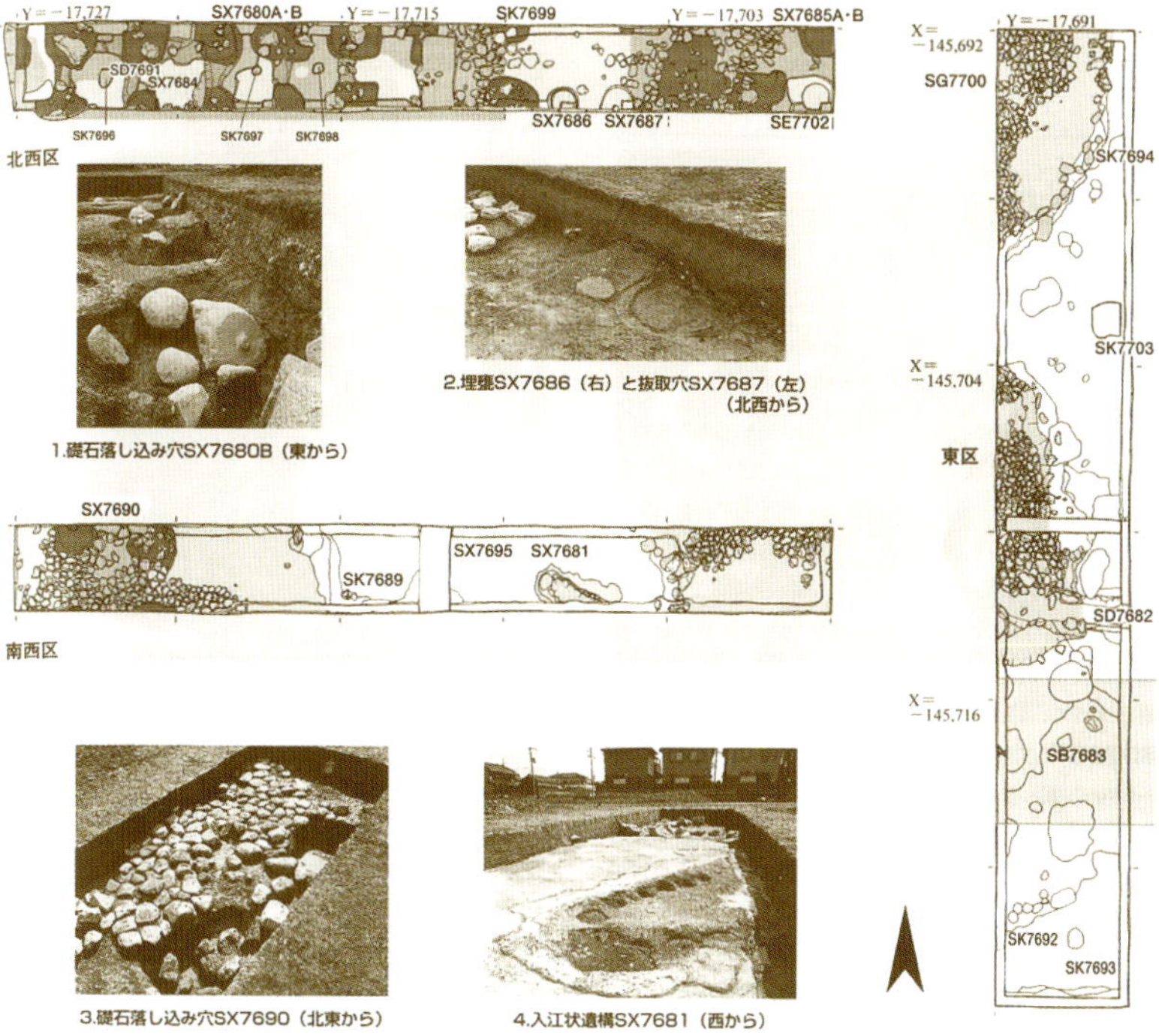

図Ⅲ－2　阿弥陀浄土院跡検出遺構

である。すなわち、阿弥陀浄土院の建物および園池には前身遺構があったことが明らかになったのである。その前身遺構に比定しうるのが、石山寺所蔵の『如意輪陀羅尼《にょいりんだらに》経《きょう》』の跋語《ばつご》（奥書き、図Ⅲ―3）から知られるところとなった観無量寿堂を中心とする院（「観無量寿院」と仮称する）である。跋語の記載から、観無量寿堂は、藤原不比等の妻で光明子の母である縣犬養橘三千代が営んだものであったと考えられている(11)。三千代は、元明太上天皇の病気平癒のための仏道帰依の詔にしたがって養老五年（七二一）五月十九日に仏道に入り(12)、その後、天平五年（七三三）に亡くなるまで仏門にあったが、その堂名から考えて、三千代が観無量寿経に基づく阿弥陀信仰を行なっていたことは疑いのないところである。そして、観無量寿院がその後身たる阿弥陀浄土院と同

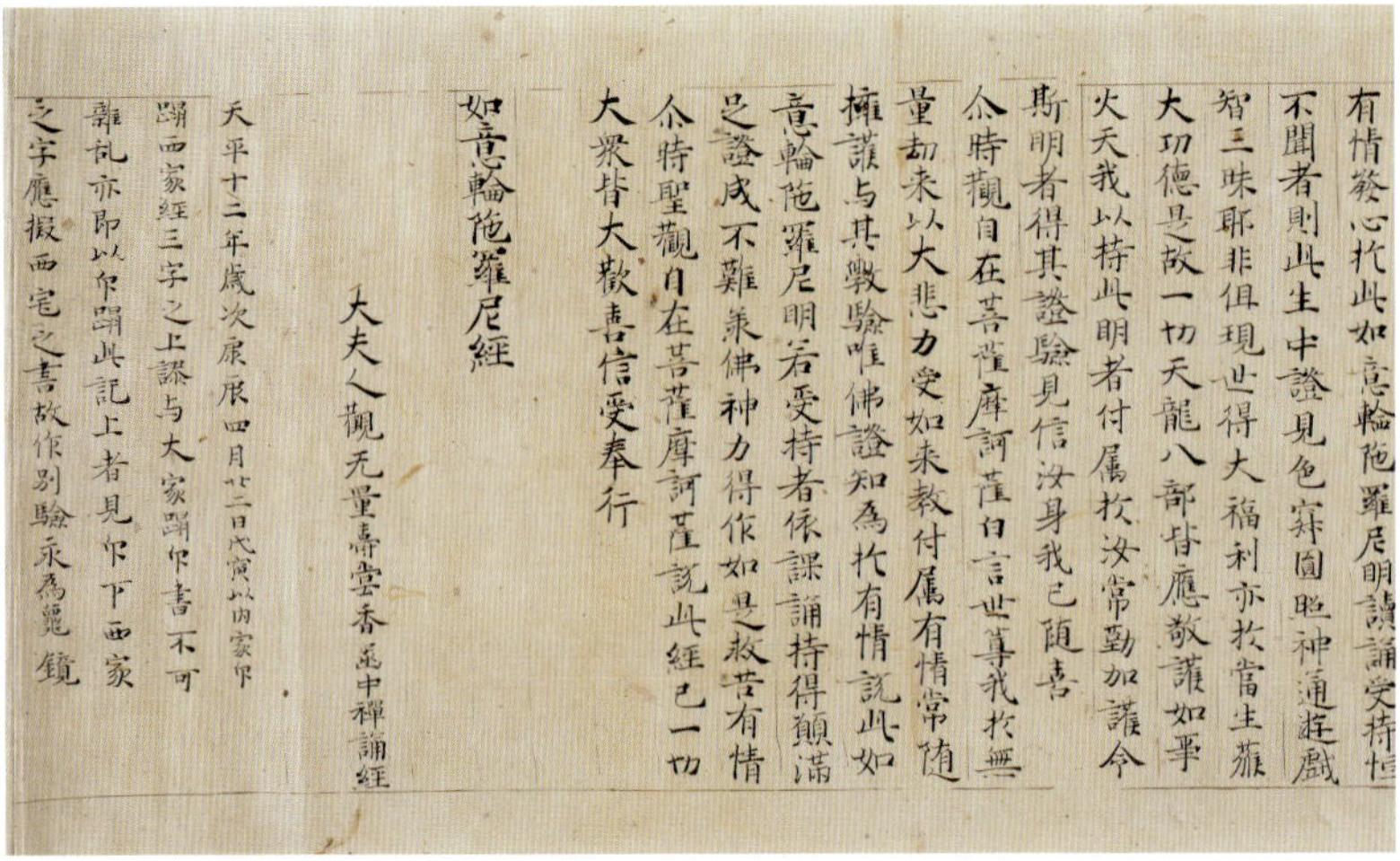
有情發心於此如意輪陀羅尼明讀誦受持恒
不聞者則此生中證見色寂圓照神通遊戲
智三昧耶非但現世得大福利亦於當生蓮
大功德是故一切天龍八部皆應敬護如爭
火天我以持此明者付屬於汝常勤加護令
斯明者得其證驗見信汝身我已隨喜
尒時觀自在菩薩摩訶薩白言世尊我於無
量劫來以大悲力受如來教付屬有情常隨
擁護与其徵驗唯佛證知為於有情說此如
意輪陀羅尼明若受持者依課誦持得願滿
足證成不難兼佛神力得作如是救苦有情
尒時聖觀自在菩薩摩訶薩說此經已一切
大衆皆大歡喜信受奉行
如意輪陀羅尼經
大夫人観无量壽堂香函中禪誦經
天平十二年歳次庚辰四月廿二日戊寅以内家印
踏西家經三字之上謬与大家踏印書不可
雜乱亦即以印踏此記上者見印下西家
之字應攝西宅之書故作別驗永為龜鏡

図Ⅲ－3　『如意輪陀羅尼経』跋語

様に、中核仏堂（観無量寿堂）の前面に池を配置した臨池伽藍の形態を取っていた可能性もきわめて高いといえよう。

ここでもう一つ留意しておきたいのは、発掘で見つかった池が曲折する汀線《ていせん》を持った曲池《きょくち》であり、浄土変に描かれるような幾何学的な方池系統の池ではないことである。これについては、法華寺が光明皇后の父で縣犬養橘三千代の夫である不比等の邸宅を寺としたものであることから、曲池はおそらく不比等邸時代のものを踏襲したものと考えてよいのではないか。奈良時代初頭、平城遷都と軌を一にして、わが国の庭園デザインは、唐の庭園デザインに倣って「曲池」「州浜」「自然石の景石・石組」を構成要素とするものへと大きく切り替わる[13]。不比等邸の庭園もその流れのなかで造営され、それが観無量寿院へ、さらに『正倉院文書』に記される外嶋院を経て阿弥陀浄土院へと継承された[14]、と考えれば、十分に説明がつく。最終的には、この阿弥陀浄土院跡の全面的な発掘調査の成果を待って確定されなければならないとはいえ、この推論に大きな誤りはなかろう。

以上をまとめると、日本における臨池伽藍の成立事情は以下のように考えられる。すなわち、日本における臨池伽藍は、貴族邸宅（藤原不比等邸）を踏襲した寺院（法華寺）の一区画に造営された阿弥陀浄土院またはその前身たる観無量寿院において、阿弥陀仏の西方極楽浄土を表象する伽藍として奈良時代に成立したものであり、その園池デザインは不比等邸の園池デザインを踏襲したものであった。

二　平安時代の臨池伽藍

1　離宮・別業から寺院へ

桓武天皇が平城京から長岡京への遷都を企てた大きな理由の一つとして挙げられるのが、平城京において強大化し、政治にも介入するようになった仏教勢力の統制である。そして、桓武が官寺だけでなく、貴族の私寺の造営にも厳しい目を向けていたことは、『続日本紀』延暦二年（七八三）六月十日条に記された次の勅からうかがえる。

京畿の定額の諸寺は、その数に限りあり。私に自ら営作すること、先に既に制に立つ。此来、所司寛縦にして、かつて糺察せず。如し年代を経ば、地として寺にあらぬことを無けむ。厳しく禁断を加ふべし。

この勅は、長岡遷都前に平城で発せられたものであるが、『類聚三代格《るいじゅさんだいきゃく》』にもおさめられていることから、こうした規制が長岡遷都後、さらに平安遷都後も効力を持ったことは明らかである。平安京造営当初、京内に建立された寺院は、官寺たる東寺と西寺のみであり、いうまでもなく、京内にある貴族の邸宅内に仏堂を建てることも厳禁された。

とはいえ、こうした規制も、寺院造営禁止の対象地については「京畿」すなわち「京と畿内諸国」から「京内」へと縮小解釈されるようになったようである。平安遷都後数十年を経て、京外の離宮や別業を寺院とする例が目立ち始める(15)。天長九年（八三二）に淳和天皇の離宮であった紫野院が雲林院とされ、承和十一年（八四四）には参議滋野貞主《しげののさだぬし》の別業が慈恩寺に、仁寿三年（八五三）には藤原関雄の別業が禅林寺に改められる。さらに九世紀も終わりに近づくと、嵯峨天皇の離宮嵯峨院が貞観十八年（八七六）に大覚寺、藤原基経の粟田山荘が元慶四年（八八〇）に円覚寺となり、左大臣源融《みなもとのとおる》の山荘・棲霞観がその没後に棲霞寺となり、藤原氏宗の東山椿峯山荘が円成寺となる。

これらの離宮や別業は、元来、平安京近郊の景勝地に営まれたもので、大覚寺となった嵯峨院の大沢池が現存し、雲林院跡では発掘調査で池跡が確認されたことなどからうかがえるように(16)、多くは園池を伴うものであったと考えられる。これらの寺院の伽藍配置は多くは不明で、必ずしも臨池伽藍の形式を取ったとはいえない。とはいえ、本来的に住宅である離宮や別業に築造された園池に仏寺としての仏堂をとり合わせることに違和感を覚えない意識、さらにいえばそうしたとり合わせを好ましいものと見る意識が生み出されたことは確かであろう。

2　貴族邸宅内の仏堂と園池

一〇世紀も後半になると、平安京内の貴族の邸宅内に仏堂を建てる事例が目立って増えていたようである。漢詩文の大家として知られる文人貴族の慶滋保胤《よししげのやすたね》は、天元五年（九八二）に著した『池亭記《ちていき》』（『本朝文粋』所収）のなかで、西京（右京）の衰退を記したあと、東京（左京）の稠密を次のように表現している。

> 東京四条以北、乾艮の二方、人々貴賤なく多く群聚する所なり。高家は門をならべ、堂を連ぬ。少屋は壁を隔て、簷《ひさし》を接す。

「堂」は仏堂のことであり、「堂を連ぬ」という表現からは、高家すなわち貴族邸宅には多く仏堂が備わっていたことがわかる。

このあと、保胤は長年の宮仕えの末ようやく手に入れた左京六条三坊六町の東北部四分の一町の敷地に造営した自邸（池亭）について次のように記す。

隆きについては小山となし、窪みにあいては小池を穿つ。池の西に小堂を置き、弥陀を安ず。池の東に小閣を開き、書籍を納む。池の北に底屋を起ち、妻子を著す。およそ屋舎十の四、池水九の三、菜園八の二、芹田七の一。その外、緑の松島、白沙の汀、紅鯉、白鷹、小橋、小船。平生好むところことごとくその中に在り。

彼自身もまた、園池の西に小堂を置き、その堂に阿弥陀仏を安置していたのである。貴族が京内の邸内に仏堂を築造することは、もはや常態化していたといってよいだろう。そして、ここに描写される「緑の松島、白沙の汀、紅鯉、白鷹、小橋、小船」という園池の構成要素はまぎれもなく当時の貴族邸宅における寝殿造庭園のそれであり、住宅に付随する園池と仏堂が計画的に併存していたことがうかがえる。

摂関政治の頂点をなした藤原道長の邸宅土御門殿《つちみかどどの》でも、邸内に仏堂が建てられていた。土御門殿は、もともと道長の妻倫子《りんし》の父・左大臣源雅信の邸宅で、雅信の死後、倫子を経て道長が伝領したものである。土御門大路の南、東京極大路の西に位置する南北二町（左京一条四坊一五、一六町）を占めた。道長の日記『御堂関白記』寛弘三年（一〇〇六）九月二十二日条には、競馬御覧の行幸啓での様子が「次に東宮、西廊ならびに當〔堂カ〕簀子、中島等を経て、馬場殿の後廊の御在所に着き給ふ」と記される。

この記述からすると、清水擴が指摘するとおり、仏堂が西廊（西中門廊）の先付近の池の西岸にあったことは間違いのないところであろう。[17] この仏堂については、『権記《ごんき》』長保四年（一〇〇二）三月一日条に「新堂に於いて釈迦・普賢・文殊・弥陀・観音・勢至像を安置す」の記述があり、造営の時期とともに安置仏が釈迦三尊および阿弥陀三尊であったことがわかる。池の西岸という配置は、阿弥陀仏の西方極楽浄土と浄土における宝池の表現と考えてよいだろう。次項で述べるとおり、この時期、道長は浄土思想の影響を強く受けていたからである。

また、『小右記』で知られる右大臣藤原実資（九五七～一〇四六）の小野宮邸にも念誦堂が設けられていた。小野宮邸は大炊御門南烏丸西の方一町（左京二条三坊六町）を占め、小野宮と呼ばれた惟喬《これたか》親王の邸宅から太政大臣藤原実頼邸となり、その養子の実資が伝領した邸宅である。『大鏡』の記述などをもとにした清水擴の考察によれば、念誦堂は、寛仁四年（一〇二〇）、その七年前に邸の南東部で発見された良質の泉に面して建てられたもので、周囲は深山を思わせる木立であったという(18)。安置仏については定かでないが、泉と仏堂が隣接する配置には留意しておきたい。

このように、貴族邸宅内に築造された仏堂は、寝殿造庭園の園池と不可分の関係を持っていたことがわかる。もちろん貴族邸宅は寺院ではなく、また仏堂自体も邸宅内で中心的な建物であったわけではないので、臨池伽藍という言い方はあてはまらない。逆に、池亭や土御門殿での阿弥陀仏が安置されている仏堂の観点からいうと、園池が仏堂および安置仏に対し浄土三部経に叙述される宝池のイメージを付与するものであったとの見方もできる。そう考えると、文字どおり阿弥陀浄土を表現する庭園が現出していたとも解釈できるのである。

3　源信『往生要集』が及ぼした貴族への影響

源信（九四二～一〇一七）は幼少より比叡山で修業を積み、その学才で知られた天台僧であったが、横川《よかわ》に隠棲後の寛和元年（九八五）に『往生要集』を著す。日本における浄土信仰に画期をもたらしたこの『往生要集』における源信の主張の根幹は、「厭離穢土《おんりえど》、欣求浄土《ごんぐじょうど》」。すなわち、われわれ人間の住む穢れた娑婆世界を厭い捨て去り、阿弥陀如来の住む極楽浄土を切望する、というものであり、こうした主張に基づいて極楽往生のための修行の方法を体系的に説いたものであった。理路整然とした教学書として、『往生要集』は当時の貴族階級に広く受け入れられる。

前項でとりあげた慶滋保胤は、康保元年（九四六）から、僧俗合同の法会である「歓学会」を、みずからも中心的な構成員となって催し、浄土教への傾倒を強める。『往生要集』に展開された阿弥陀浄土の情景が自邸・池亭における阿弥陀堂の建立と園池の造営に大きな影響を及ぼしたことはいうまでもなかろう。事実、保胤は、池亭において『日本往生極楽記』を著している。同じく前項でとりあげた藤原道長も、『往生要集』に魅せられた一人であった。『御堂関白記』には、道長が病に伏せっていた源信に見舞いを遣わすなどの接触を持った記述が見える。[19] さらに、当時能書家として知られ、道長とも親しかった藤原行成に依頼して、『往生要集』を筆写してもらったことが行成の日記『権記』寛弘二年（一〇〇五）九月十七日条に見える。

源信は、『往生要集』では、念仏の方法として、仏や浄土の具体的な姿を想い起こす観想念仏を従来の称名念仏よりもむしろ優位に置き、くわえて、平生の念仏とともに臨終の念仏を強調した。このことが信仰の面はもちろん、文学や美術のありかたなどさまざまな分野に影響を与えたことが指摘される。[20] そして、藤原道長はまさしく『往生要集』に記される阿弥陀信仰のありようを具体的な行動に移すことになるのである。

4　臨池伽藍としての無量寿院と法成寺

源信の『往生要集』に強く魅かれ、自邸土御門殿に仏堂を建てて釈迦三尊と阿弥陀三尊を安置した藤原道長は、みずからの体調の悪化もあって、来世に重きを置く阿弥陀信仰にさらに深く傾倒していく。土御門殿の東隣接地が京外であり、京内に仏寺を造営しないという禁制から免れることから、道長はそこに阿弥陀堂を建立。寛仁四年（一〇二〇）に無量寿院と称して供養する。邸宅内の仏堂では決して実現できない本格的な仏寺の造営であった。

無量寿院阿弥陀堂には、九体の阿弥陀像が安置された。九体阿弥陀仏は、『観無量寿経』の「九品往生」思想に基づくものと考えられ、この無量寿院が初例である。そして、九体の阿弥陀像を収める建築物は必然的に前例のない長堂形式（無量寿院は桁行一一間）となり、「当麻曼荼羅」などの浄土変に示される中堂と両側の楼およびそれらを結ぶ翼廊などで構成されるいわば正統的な極楽浄土の建築景観とは異なる景観を呈すこととなったのである。敷地の西部に配置されたこの九体阿弥陀堂の前面（東面）には中島を持つ池が穿たれた（図Ⅲ―4）。ここに、長堂形式の仏堂の前面に池を配置するという、独自の西方極楽浄土の心象風景ともいうべき臨池伽藍が成立したわけである。これを「無量寿院型臨池伽藍」と呼ぶことにする。なお、新たな無量寿院には道長の居所たる寝殿も付設されており、園池が寝殿に対応する南池としての位置づけも持っていたことにも留意しておきたい。

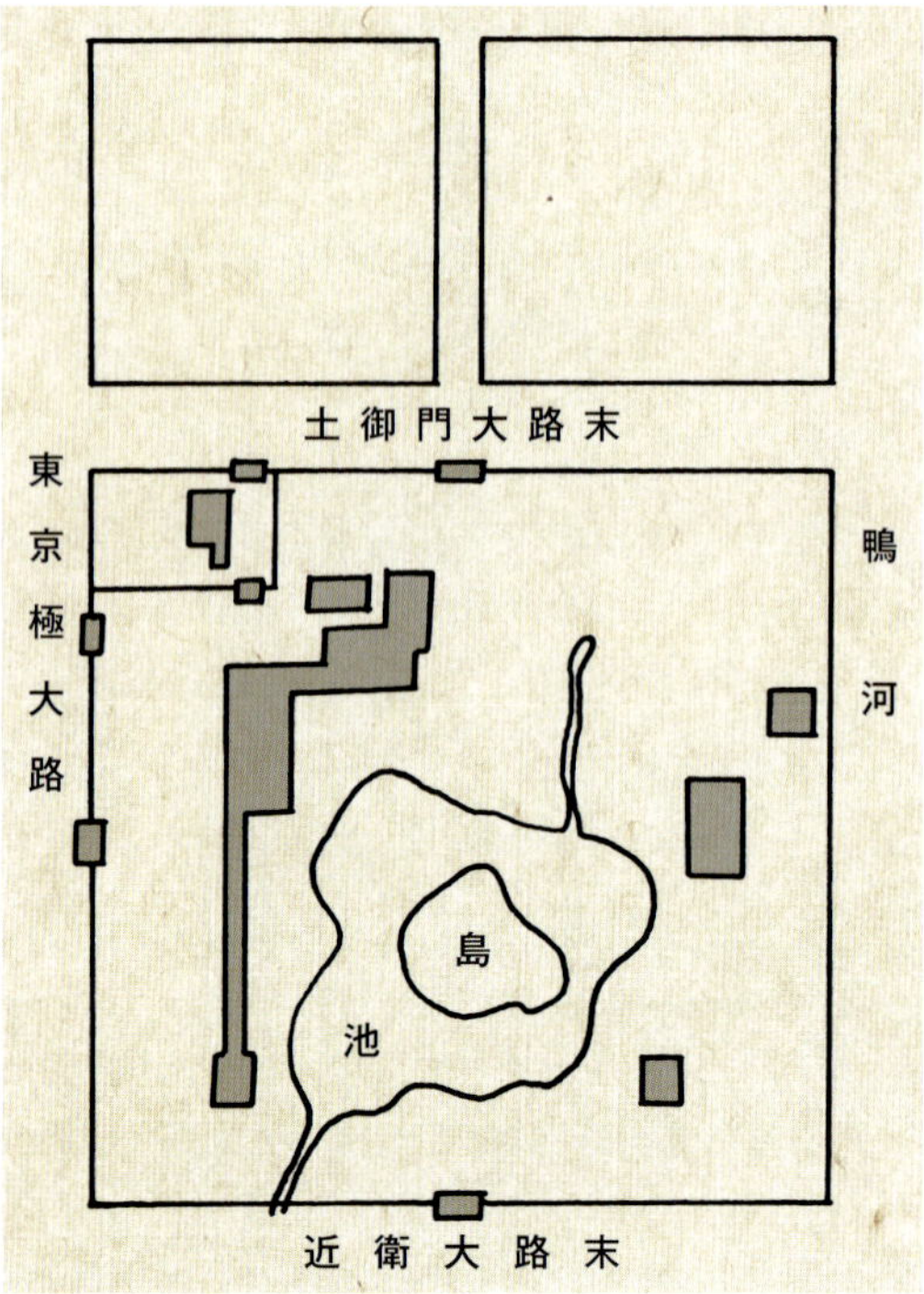

図Ⅲ－4　無量寿院復原図

道長は、無量寿院の竣工後、間を置くことなく、境内において金堂・薬師堂などの仏堂の整備を継続し、治安二年（一〇二二）の金堂落慶とともに法成寺《ほうじょうじ》と改称する。法成寺は最終的に、池を中心として、北に金堂・五大堂・十斎堂、西に阿弥陀堂（無量寿院）、東に薬師堂・塔などが建ち並ぶ臨池伽藍となる（図Ⅲ―5）。

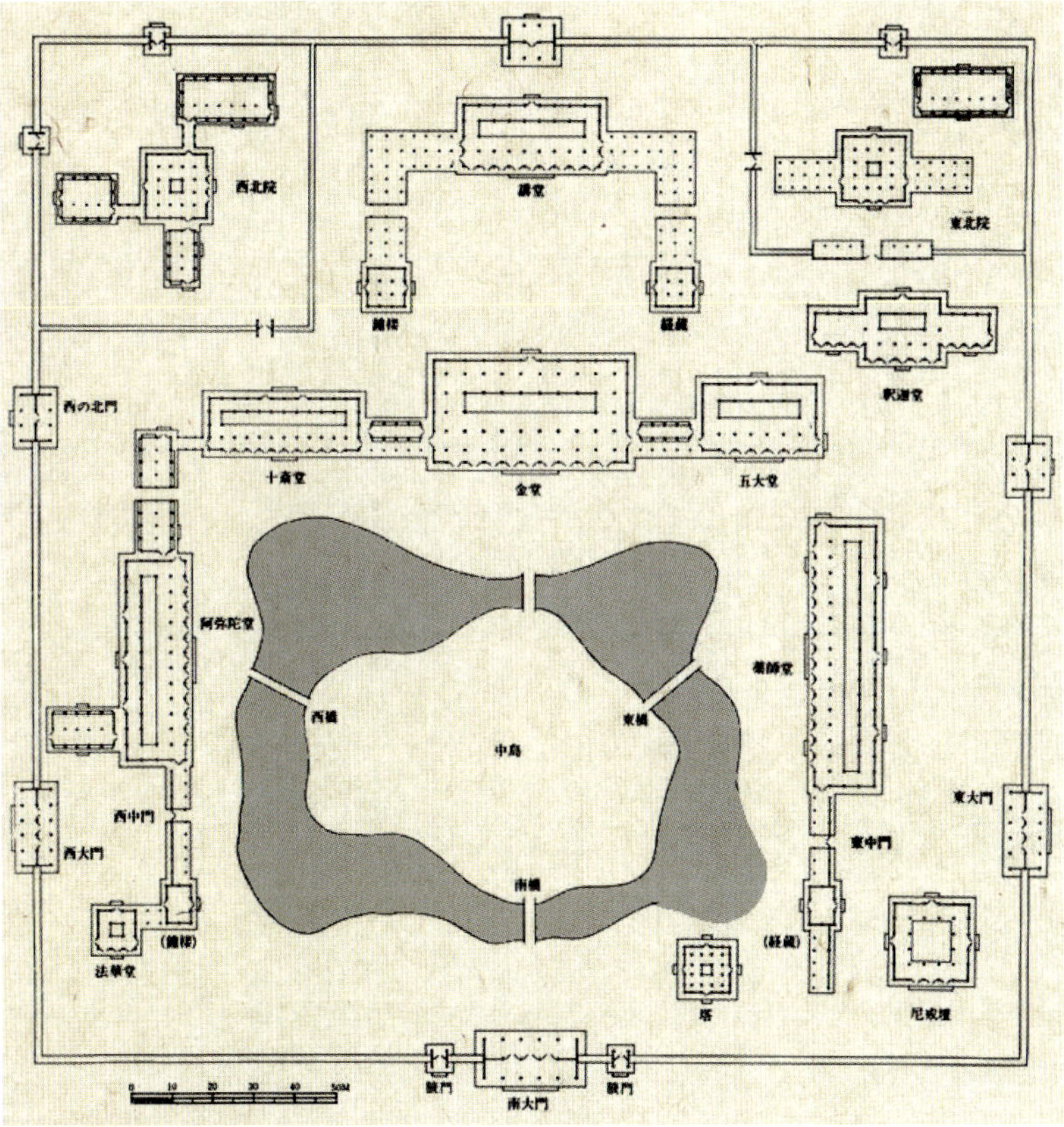
西北院
講堂
東北院
鐘楼
経蔵
釈迦堂
西の北門
十斎堂
金堂
五大堂
阿弥陀堂
薬師堂
西橋
東橋
中島
西中門
東大門
西大門
東中門
南橋
(鐘楼)
(経蔵)
法華堂
塔
尼戒壇
0 10 20 30 40 50M
脇門
南大門
脇門

図Ⅲ-5　法成寺復原図

複数の堂舎が園池を囲繞する形態のこうした臨池伽藍を「法成寺型臨池伽藍」と呼ぶことにする。法成寺では、金堂に安置された大日如来による密教が寺院の宗教的理念の中核となるわけであるが、道長をはじめ関係者の意識のなかにはまだ無量寿院の段階で醸成された極楽浄土のイメージも色濃く投影されていたようだ。そのことは、『栄花物語』巻一七「おむがく」に見える法成寺供養の際の以下の情景描写から、はっきりとうかがえるのである。

のどかに院の内の有様を御覧ずれば、庭の砂は水精のやうにきらめきて、池の水清く澄みて、色々の蓮の花並み生ひたり。その上に皆仏顕れ給へり。仏の御影は池に写り映じ給へり。東西南北の御堂々々、経蔵、鐘楼まで影写りて、一仏世界と見えたり。池の廻に植木あり。枝ごとに皆羅網かかれり。はなびら柔らかにして、風なけれども動く。緑真珠の葉は瑠璃の色にして、玻梨珠の撓やかなる枝は、池の底に見えたり。柔らかなる花ぶさ傾きて落ちぬべし。緑真珠の葉は、盛なる夏の緑の松の如し。真金葉は、深き秋の紅葉の如し。琥珀葉、中秋黄葉の如し。白瑠璃の葉は、冬の庭の雪を帯びたるが如し。七宝の橋は、金玉の池に横たはれり。雑宝の船、植木の蔭に遊び、孔雀、鸚鵡、中の洲に遊ぶ。

5　臨池伽藍としての平等院

平安時代の仏教のありようを考える際の重要な視点の一つに末法思想がある。末法思想とは、釈迦入滅後の年月の経過により正しい仏教の教えが衰え、やがて人がいかに修行しても悟りを得ることができなくなる末法に至る、という仏教的歴史観である。日本では、永承七年（一〇五二）から末法に入るという説が普及し、寺院勢力は、末法克服を訴えることで貴族による造寺や寄進を促し、結果的に勢力を強めることとなるのである。先に触れた源信の教義や、それに触発された道長の寺院造営などもこの流れのなかで説明できるものであろう。

その末法初年にあたる永承七年に、道長の嫡子頼通は、父から受け継いだ宇治川西岸の別業宇治殿を喜捨して寺院とする。その翌年の天喜元年（一〇五三）には、阿弥陀堂を供養。その空間構成は、園池西部に配した中島に阿弥陀堂を建て、東方から阿弥陀仏を遥拝するというものであった(21)（図Ⅲ―6）。鳳凰堂の名で知られる阿弥陀堂は、中堂と両側の楼およびそれらを結ぶ翼廊などで構成され、浄土変が描くところの正統的な極楽浄土の建築を表現するものであった。なお、平等院にも阿弥陀堂とは別に大日如来を本尊とする本堂があったが、平等院の宗教理念はあくまでも阿弥陀堂に依拠する浄土教であり、施設的にも本堂はむしろ付属的なものであったと見なしてよいだろう。このことは、『続本朝往生伝』所載の「極楽いぶかしくば宇治の御寺をいやまえ」という歌謡や、仏像・建物・庭園・景観のすべての面で卓越した美を現出していたことを示す『扶桑略記』康平四年（一〇六一）十月二十五日条の次の記述からもうかがえる。

平等院は水石幽奇にして、風流勝絶なり。前に一葦之長河を渡す有り。宛かも群類を彼岸に導くがごとし。傍に二華之層嶺を畳む有り、諸善を積みて山と為すに異ならず。是賓閣を改むるを以て仏家と為し、心匠を廻して精舎を構へ、ここに弥陀如来之像を造り、極楽世界之儀を移す。月輪を礼して以て手を挙ぐれば、仰ぎて八十種光明に引接し、露地に臨みて以て歩を投ずれば、縮して十万億の刹土に往詣す。

園池の西岸に近い中島の上に翼廊付きの中堂形式阿弥陀堂を置くという平等院の形態の臨池伽藍を「平等院型臨池伽藍」と呼ぶことにする(22)。ちなみに、頼通の邸宅の高陽院《かやのいん》は、寝殿の周囲を池で囲む、すなわち寝殿が島状の部分に建つものであり、平等院はこの高陽院の形態を基にしたものとも考えられる。

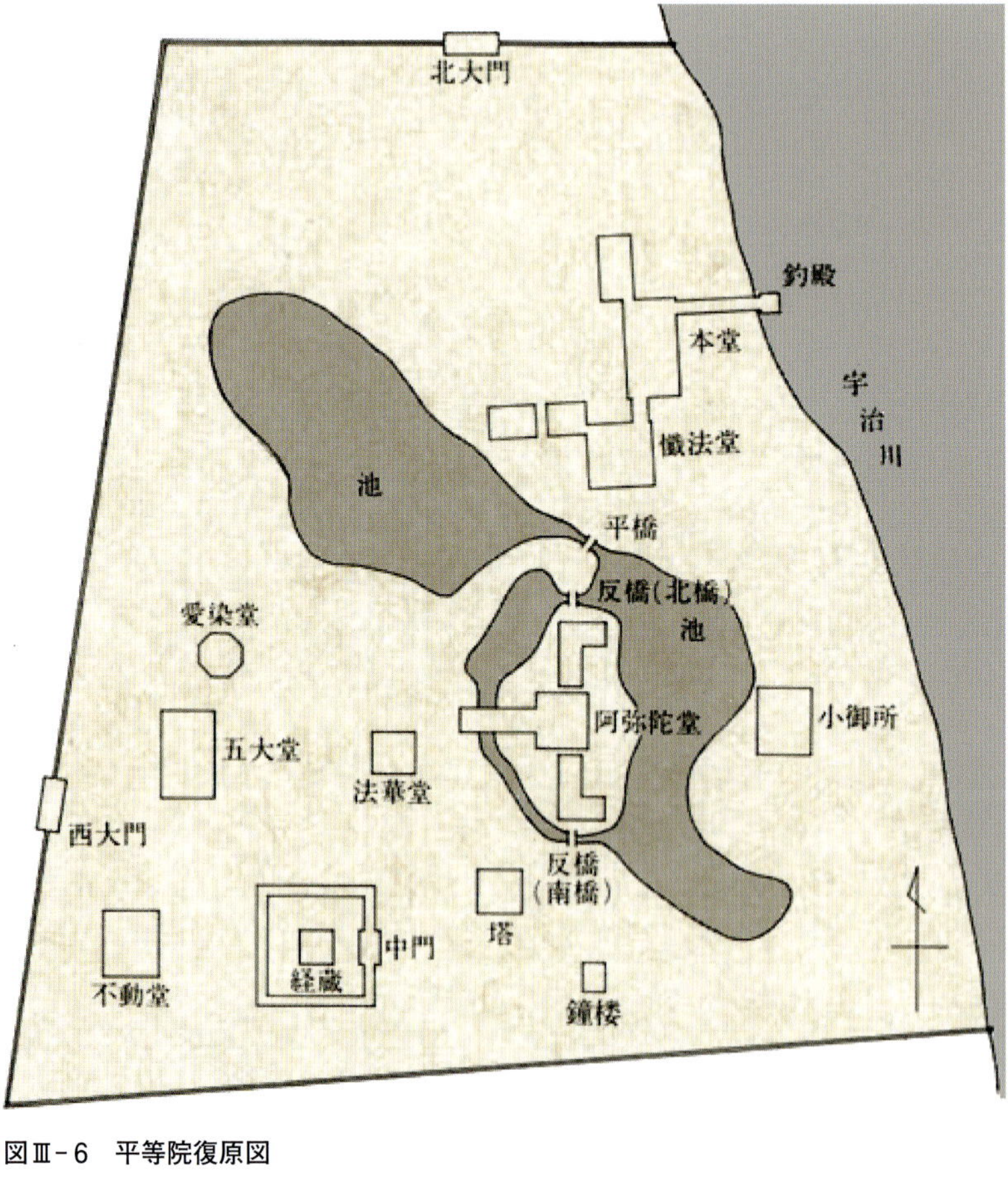

北大門
釣殿
本堂
宇
治
川
儀法堂
池
平橋
反橋(北橋)
池
愛染堂
阿弥陀堂
小御所
五大堂
法華堂
西大門
反橋
(南橋)
塔
中門
経蔵
不動堂
鐘楼

図Ⅲ－6　平等院復原図

6 臨池伽藍の展開

浄土教を基盤とした平安時代の臨池伽藍を、形態から「無量寿院型臨池伽藍」「法成寺型臨池伽藍」「平等院型臨池伽藍」の三つに分類した。それぞれの型の臨池伽藍が、以後どのように展開するのかを追ってみよう。

「無量寿院型臨池伽藍」は、九体阿弥陀堂の造営自体が大事業であり、全体としてはさらに豊かな資力が不可欠となる。このため、九体阿弥陀堂は院政期を中心に三十棟ほどが知られているが、その半数が上皇・天皇・皇后によって造営されたものであった。その経済的基盤が近臣たる受領層であったことは、いうまでもない。そして、これらの九体阿弥陀堂には、前面に園池を伴って臨池伽藍の形態を取るものが少なくなかった。例えば、白河法皇が白河泉殿に造営した蓮華蔵院（供養は、永久二年〈一一一四〉十一月二十九日）では、東向きの十一間四面の九体阿弥陀堂の前面が島を配した池となっていたことが記録に残る。そもそも、泉殿の周辺を含めた景観は、『中右記《ちゅうゆうき》』永久二年四月十四日条に「泉殿に渡御し、新堂の地形を御覧ず。遠山の体、前池の様、あたかも蓬莱の如きか」と記されるほどに傑出したものであった。

こうした無量寿院型臨池伽藍として唯一現存するのが、浄瑠璃寺である（図Ⅲ―7）。創建期の歴史については、『浄瑠璃寺流記事』などの記録から、本堂（九体阿弥陀堂）は嘉承二年（一一〇七）に建てられ、その後、久安六年（一一五〇）になって興福寺一乗院門跡であった恵信僧正が堂前の園池の整備を行なったと解釈されている[23]。ただし、東向き九体阿弥陀堂と前面の園池で構成される臨池伽藍は、摂政・関白・太政大臣をつとめた藤原氏長者の藤原忠通を父に持つ恵信によって一体的に造営されたのではないか、との印象がむしろ強い。いずれにせよ、平安時代末期に造営された浄瑠璃寺の臨池伽藍は、幽邃な山里における比較的小規模な事例とはいいつつも、道長によって創り出さ

図Ⅲ－7　浄瑠璃寺九体阿弥陀堂と園池現況

れた独自の阿弥陀仏西方極楽浄土の心象風景たる無量寿院型臨池伽藍を今に残すものとして、きわめて貴重な事例である。

「法成寺型臨池伽藍」は、仏堂の数も多く、さらにいっそう強大な権力・財力をもってしてはじめて造営可能な伽藍である。この型を引き継いだのが、白河天皇が鴨東・白河の地に御願寺として造営し、承暦二年（一〇七八）に供養が営まれた法勝寺《ほうしょうじ》であった。法勝寺は、池の北に翼廊付きの金堂、その背後に講堂や薬師堂、南西に阿弥陀堂を置き、さらに池の中島に八角九重という他に類例のない巨大な塔を配置していた（図Ⅲ―8）。そして、金堂に大日如来ならびに胎蔵界の四仏、九重塔に大日如来と金剛界の四仏を安置して両界曼荼羅を構成する法勝寺の宗教的理念が密教思想であったことは、つとに指摘されているとおりである[24]。その祈願するところも、国家鎮護にほかならない。

法成寺では無量寿院に始まる成立の経緯や道長の宗教的志向から見て仏堂と一体となった園池を阿弥陀浄

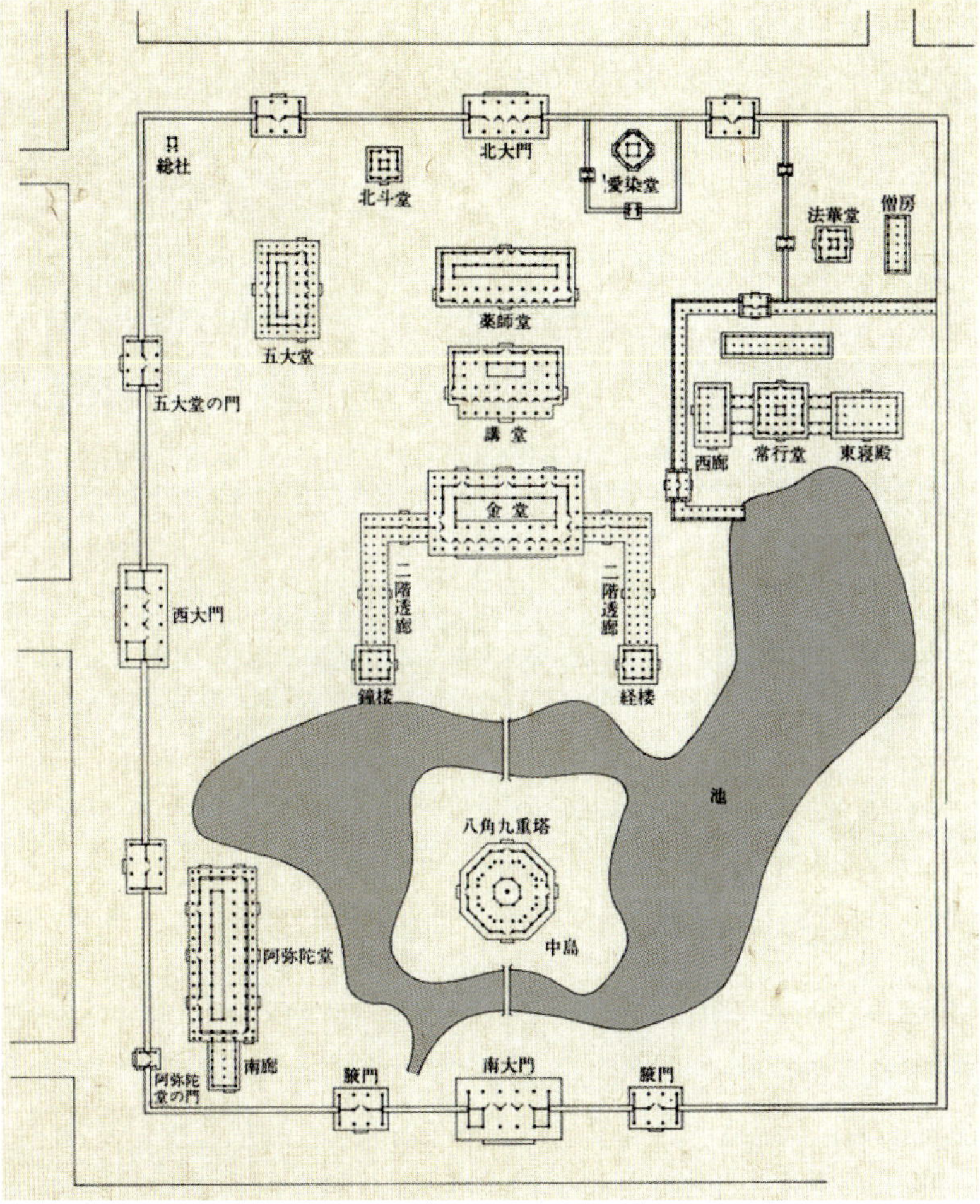
総社
北大門
愛染堂
北斗堂
法華堂
僧房
薬師堂
五大堂
講堂
五大堂の門
西廊
常行堂
東寝殿
金堂
二階透廊
二階透廊
西大門
鐘楼
経楼
池
八角九重塔
阿弥陀堂
中島
南廊
阿弥陀堂の門
腋門
南大門
腋門

図Ⅲ-8　法勝寺復原図

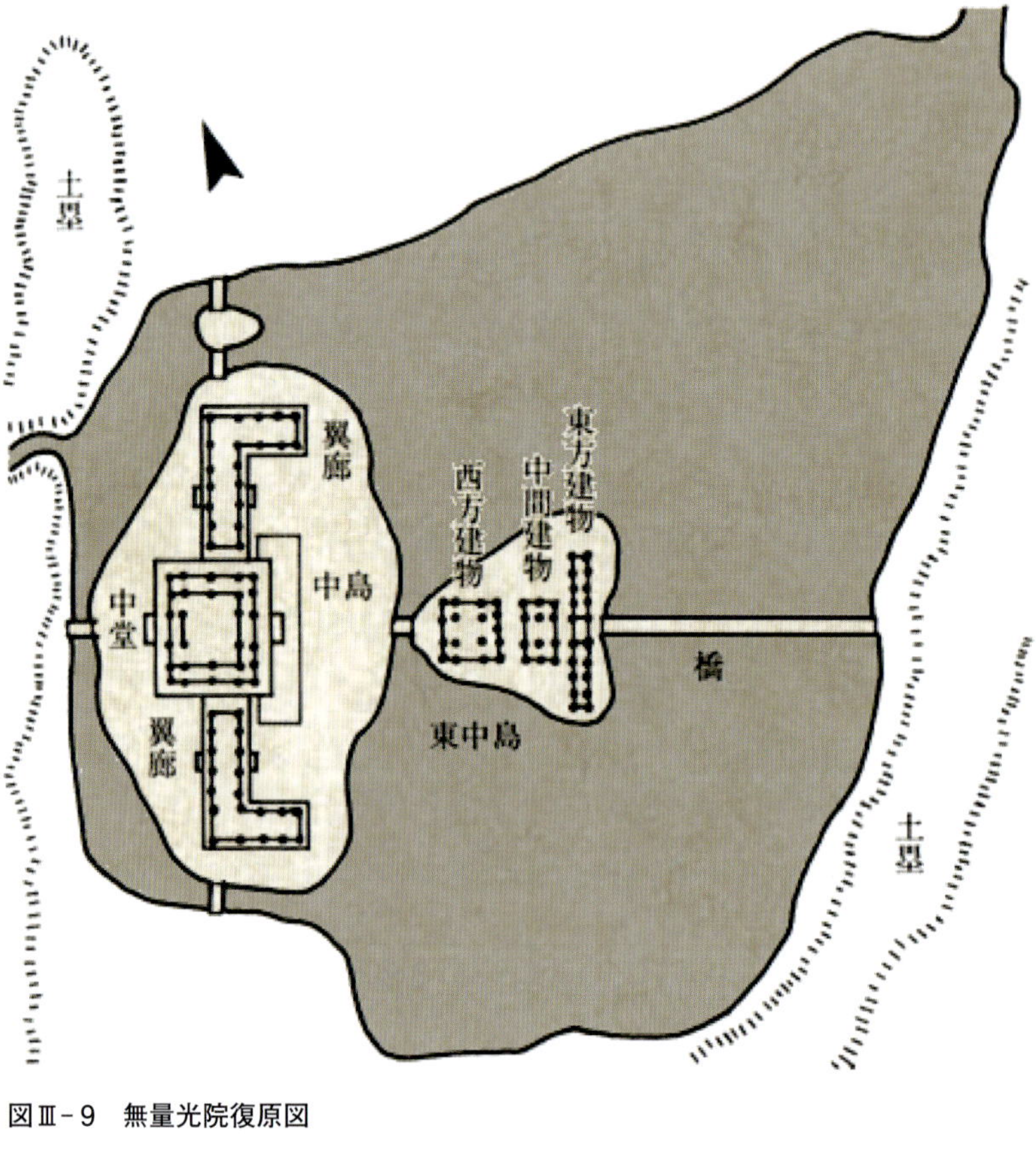

図Ⅲ－9　無量光院復原図

図Ⅲ－10　永福寺復原鳥瞰図

土になぞらえる心情も看取できるが、法勝寺の場合は、阿弥陀堂が配置されるとはいえ、臨池伽藍によって阿弥陀浄土を表現したものとは決していえない。阿弥陀浄土を表現するものとして成立した臨池伽藍が高い意匠的完成度を有していたことから、その形態を踏襲したものであり、「浄土庭園」の名を冠するには躊躇を覚えざるを得ない。

「平等院型臨池伽藍」は、建築物の構成の面では浄土変を規範とした阿弥陀浄土を表現し、平等院の造営当初からその美しさを称えられたものであったことから、それを模す寺院造営も行われることになる。鳥羽上皇の造営で、保延二年（一一三六）三月二十三日に供養が行われた鳥羽離宮・勝光明院御堂は、『中右記』同日条に「御堂は東面し、前池に向かふ。宇治平等院を写さる」と明確に記されるように、平等院をモデルとした臨池伽藍であった。ただし、阿弥陀堂が建つのは水面に囲まれた中島ではなく、その姿も、中堂の外観が大きく異なるとともに、左右翼廊が水中から建ち上がることを目指した点などでも、平等院との外観上の差異は小さくなかったとの指摘がある。(25)

いま一つ、平等院をモデルとしたことが記録に残る寺院が、奥州平泉の無量光院である。『吾妻鏡』文治五年（一一八九）九月十七日条（寺塔已下注文）には、無量光院について次のように記されている。

秀衡（藤原）これを建立す。その堂内の四壁の扉、観経の大意を図会す。これに加えて、秀衡自ら狩猟の体を図会す。本仏は阿弥陀丈六なり。三重の宝塔、院内の荘厳、ことごとく以て宇治平等院を模す所なり。

本尊の丈六阿弥陀仏はいうにおよばず、院内の荘厳、すなわち堂塔・園池すべてにわたって宇治平等院を模したという記載は、昭和二十七年（一九五二）に行われた発掘調査によっておおむね裏づけられた。阿弥陀堂は池の西端部に置かれた中島に東向きに建ち、翼廊の規模や尾廊の有無などの相違はあるものの、中堂の規模の一致や両翼廊の形状などきわめて類似した平面を持っているのである。ただし、阿弥陀堂東方の池中に小ぶりの中島を配置し、そこに阿弥陀堂と中軸線を合わせるかたちで三棟の建物を建てている点には独自性が見られる。これらの成果を踏まえた荒木伸介による復元平面図を示しておく（図Ⅲ—9）[26]。さらに、外部空間との関係では、門から見て阿弥陀堂の背後に位置する金鶏山を強く意識して伽藍が計画されたことも明らかにされており[27]、その点でも阿弥陀堂の背後をむしろ虚空とみなす計画であった平等院とは異なった空間構成理念がうかがえる。

奥州藤原氏を滅ぼした源頼朝が鎌倉二階堂の地に営んだ永福寺《ようふくじ》（図Ⅲ—10）は、頼朝が平泉で目にした堂塔伽藍、なかでも無量光院を主たるモデルにして造営された臨池伽藍と考えられ、仏堂が中島上でなく園池西岸に建つとはいえ、祖型的には平等院がモデルと捉えることも可能であろう。

むすび

臨池伽藍は、中国では南北朝時代から隋・唐の時代に、阿弥陀仏の西方極楽浄土（阿弥陀浄土）を表す図像として出現するが、実際の寺院として造営されることは稀であったものと見られる。また、朝鮮半島においても、臨池伽藍の確実な事例は認められていない。

これに対し、日本では、奈良時代に臨池伽藍の形式を持つ阿弥陀浄土院またはその前身たる「観無量寿院」が法華寺内に造営されたのを嚆矢として、平安時代中期には長堂形式阿弥陀堂の前面に池を置く無量寿院、それを発展させ池の周囲を仏堂がとり囲む法成寺、翼廊付き中堂形式の阿弥陀堂が池の西部の中島上に建つ平等院といった多様な形態を持つ臨池伽藍が成立する。こうした臨池伽藍は、平安時代後期から鎌倉時代にかけて、京都とその周辺のみならず、平泉や関東など各地で数多く造営された。

日本で臨池伽藍が定着した理由としては、平安時代に阿弥陀信仰が盛行するなか、阿弥陀浄土の宝池の心象風景たる園池を伴って成立した臨池伽藍が、邸宅園池（寝殿造庭園）を規範としたことで、当初から高い意匠的完成度を有していたことが挙げられる。このことによって、法勝寺のような、浄土教ではなく明らかに密教理念に基づく伽藍においても、臨池伽藍が採用されることになるのである。

「浄土庭園」の用語は、庭園史研究のなかで生み出された比較的新しい用語であり、その定義は必ずしも揺るぎなきものではない。そうしたなか、「浄土」の語を拡大的に解釈して、この用語を平安時代中期から鎌倉時代にかけての臨池伽藍または臨池伽藍における園池空間と同義に扱うことも多い。しかし、平安時代における浄土信仰とは、あくまでも阿弥陀浄土信仰である。隣接する建築史の分野でも、「浄土教建築」としてとり扱われるのは、阿弥陀浄土信仰に立脚した建築である。これらに鑑みれば、「浄土庭園」は、阿弥陀浄土を表現するものとして、わが国で独自に成立・展開した臨池伽藍または臨池伽藍に伴う園池空間を指す用語として用いることを原則とすべきと考える。こうした考えに立てば、奈良時代の阿弥陀浄土院、平安時代の無量寿院とその系譜上にある白河蓮華蔵院や現存する浄瑠璃寺、平等院とその系譜上にある鳥羽勝光明院や平泉の無量光院、さらに鎌倉永福寺などの庭園が浄土庭園として分類されるべき典型として挙げられることになる。

本章は、文化庁ならびに奈良文化財研究所が平成二十一年度に共同で開催した「東アジアにおける理想郷と庭園に関する国際研究会」での議論ならびにその成果として刊行された『東アジアにおける理想郷と庭園』（奈良文化財研究所、二〇〇九年）に多くを負っている。本章では、「浄土庭園」について、この研究会で示された浄土庭園の定義とは一部でニュアンスを異にする位置づけを行なったが、それは「浄土」を拡大的に解釈することについて、筆者が若干の違和感を拭いきれなかったことによるものであり、あくまで筆者による一つの見解と考えていただきたい。

また、平安時代の浄土教や浄土教建築・庭園に関する先行研究は夥しい蓄積があり、それらを網羅的に読み込んだとはいい難いが、参考にさせていただいた成果も数多い。とりわけ平安時代における仏教建築・伽藍の形態の変遷などについては、清水擴氏の『平安時代仏教建築史の研究――浄土教建築を中心に――』（中央公論美術出版、一九九二年）から多くを教えられ、本文でも多く引用させていただいたことを記し、感謝の意を表したい。

註

（1）具体例を挙げると、興福寺（奈良市）では中金堂院の回廊の外部に、しかも中金堂院よりもかなり標高が低い場所に猿沢池があるが、このような形態は原則として臨池伽藍とは呼ばない、ということである。

（2）入谷義高訳注『洛陽伽藍記』東洋文庫五一七、平凡社、一九九〇年、一三一・一八八ページ。

（3）呂舟「古代中国における庭園の発展および浄土と浄土庭園」『東アジアにおける理想郷と庭園』奈良文化財研究所、二〇〇九年、二〇～二六ページ。

（4）田中淡「昆明圓通寺の碑文と建築・池苑」『仏教芸術』一五一号、毎日新聞社、一九八三年、五六～五七ページ。

（5）前掲註（3）呂舟論文。

（6）前掲註（3）呂舟論文。

（7）洪光杓「仏国寺の蓮池に関する一考察」前掲註（3）書、一五八～一六三ページ。初出は『韓国庭苑学会誌』一二巻二号、一九九四年、七五～八二ページ。

（8）十六種の観法すなわち十六観とは、①日想観、②水想観、③地想観、④宝樹観、⑤宝池観、⑥宝楼観、⑦華座観、⑧像想観、⑨真身観、⑩観音観、⑪勢至観、⑫普想観、⑬雑想観、⑭上輩観、⑮中輩観、⑯下輩観である。

（9）『続日本紀』天平神護二年（七六六）十月庚申（二十日）条にある称徳天皇が法華寺において出した宣命に、「此の寺は朕が外祖父の太政大臣藤原大臣の家に在り」とある。

（10）清野孝之ほか「法華寺阿弥陀浄土院の調査」『奈良国立文化財研究所年報』二〇〇〇―Ⅲ、奈良国立文化財研究所、二〇〇〇年、五六～六一ページ。

（11）加藤優「『如意輪陀羅尼経』の跋語について」『石山寺の研究深密蔵聖教篇（下）』法蔵館、一九九二年、四一三～四三四ページ。東野治之「橘夫人厨子と橘三千代の浄土信仰」『MUSEUM』五六五号、東京国立博物館、二〇〇〇年、七一～七九ページ。

（12）『続日本紀』養老五年（七二一）五月十九日条に、「正三位縣犬養宿禰三千代、入道せるによりて、食封・資人を辞す」とある。

（13）小野健吉「飛鳥・奈良時代の庭園遺構と東院庭園」『平城宮発掘調査報告XV――東院地区の調査――』奈良文化財研究所、二〇〇三年、一七五～一八四ページ。

(14) 渡辺晃宏「阿弥陀浄土院と光明子追善事業」『奈良史学』一八号、奈良大学史学会、二〇〇〇年、三〇〜四一ページ。
(15) 清水擴『平安時代仏教建築史の研究――浄土教建築を中心に――』中央公論美術出版、一九九二年。
(16) 『雲林院跡』京都文化博物館調査研究報告第一五集、京都文化博物館、二〇〇二年。
(17) 前掲註(15)清水書、一八七ページ。
(18) 前掲註(15)清水書、一九一ページ。
(19) 寛弘元年(一〇〇四)六月二十二日条「(和気)正世を以て源信僧都のもとに遣る」ならびに同年六月二十六日条「正世を以て源信僧都のもとに送る。悩むところ有るによりて也」。
(20) 速水侑『地獄と極楽――『往生要集』と貴族社会――』歴史文化ライブラリー、吉川弘文館、一九九八年。
(21) 発掘調査の結果、造営当初は宇治川東岸から、程なく園池東岸に小御所を建設した後はその小御所から阿弥陀堂および阿弥陀仏を遥拝する形態となったことが判明した。
(22) 『栄華物語』巻二三「駒競べの行幸」に、「この高陽院の有様、この世のことと見えず。海龍王の家などこそ、四季は四方に見ゆれ、この殿はそれにも劣らぬさまなり。例の人家造りなどにも違ひたり。寝殿の北南西東などには、皆池あり、中島に釣殿たてさせ給へり」と描写される。
(23) 森蘊「名勝浄瑠璃寺庭園環境整備事業報告」『名勝浄瑠璃寺庭園環境整備事業報告書』浄瑠璃寺、一九七七年、一一〜三八ページ。
(24) 林家辰三郎『古典文化の創造』東京大学出版会、一九六四年、一六七ページ。前掲註(15)清水書、一〇三ページ。
(25) 前掲註(15)清水書、三一一〜三一二ページ。
(26) 本図に描かれる東中島に渡る橋は、東西いずれも存在しないことが近年の発掘調査により明らかになっている。
(27) 菅野成寛「平泉無量光院考」『岩手史学研究』七四号、岩手史学、一九九一年、一〜一九ページ。

第四章

『春日権現験記絵』に描かれた藤原俊盛邸の庭園

はじめに

庭園とは、祭祀・儀式・饗宴・逍遥・接遇などの場として、あるいは鑑賞の対象として、一定の空間的・時間的美意識のもとに造形される屋外空間である。都市のなかに造営されるにせよ、郊外に別荘などとして造営されるにせよ、庭園の造営主体（施主）として先導的な役割を担うのは、土地所有面・経済面のみならず、教養面・感性面においても高い優位性を持つ階層の都市住民である。とりわけ、彼らが都市内の住宅で造営する庭園は物理的に都市を構成する重要な要素であるばかりでなく、その造営の目的や意匠に込められた意図、あるいはそこを舞台としたさまざまな営みも含めて都市文化の所産にほかならない。

京都は、延暦十三年（七九四）の平安遷都を機に、名実ともに日本の中心たる政治都市としての歩みを始める。四百年に及ぶ平安時代を通じて、さらに建久三年（一一九二）の鎌倉武家政権樹立後も、京都における都市文化の担い手の中核をなしたのは、藤原氏とその系統をはじめとする貴族であった。貴族の都市住宅として寝殿造が確立する平安中期の摂関政治の時代以降、その庭園も建築と一体となって重要な機能を有する装置となる。その様相の解明に重要な役割を果たすのが、文献史料や発掘庭園（発掘調査で確認された庭園遺構）のほか、絵画史料としての絵巻である。ただし、絵巻が多く制作されるのは平安時代後期から鎌倉時代にかけてのことである点には留意が必要であろう。とりわけ、鎌倉末期制作の『駒競《こまくらべ》行幸《ぎょうこう》絵巻《えまき》』や『春日《かすが》権現《ごんげん》験記《げんき》絵《え》』では、制作時から百数十年ないし二百数十年さかのぼる事象までも題材としている。(1) したがって、そこに描かれた庭園は、実景というよりも制作者あるいは制作依頼者の心象としての庭景であったと考えなければならない。すなわち、それは、絵巻が制作された時代の貴族が共有していた「あらまほしき庭園の姿」と考えて大きな誤りはないだろう。

本章では、こうした事柄を踏まえたうえ、『春日権現験記絵』に描かれた藤原俊盛邸の庭園について、構成要素などの分析を通じて詳しく読み解いて行きたい。この作業は、絵巻というこれまた都市文化的な媒体に写された都市文化の所産たる庭園に関わるものであり、その結論は鎌倉時代末期における政治都市・京都の都市文化の一面を浮かび上がらせるものと考えている。

一　『春日権現験記絵』と藤原俊盛

『春日権現験記絵』（以下、『春日験記絵』と略す。「験」とは、修行や信仰の結果現れる不思議なしるし）は、延慶二年（一三〇九）、入内していた娘の寧子《やすこ》が女院となり、自らも左大臣に昇進した西園寺公衡《きんひら》（一二六四〜一三一五）が発願し、氏社である春日大社に奉納した絹本二十巻の絵巻物で、五十六の霊験譚からなる。九十三段に及ぶ絵は、絵所預の高階隆兼が絵所に所属する絵師を率いて制作したもので、その華麗な色彩と精緻な描写は、大和絵の技法の一つの到達点を示すものと評価される。一方、絵に対応するものとその末尾、あわせて九十四段の詞書は、公衡の実弟で興福寺東北院主であった覚円が取りまとめたもので、その清書はいずれも能書家として鳴る関白鷹司基忠とその子の摂政冬平、権大納言冬基、興福寺一乗院門跡良信僧正が手掛けた。その由来からうかがえるとおり、本来は春日大社に所蔵されていたが、現在は宮内庁（三の丸尚蔵館）の所蔵となっている。

本章が考察の対象とする庭園は、巻五「俊盛卿事」の主人公である藤原俊盛（一一二〇〜？）の屋敷のものである。修理大夫や尾張守をつとめた藤原顕盛の子である俊盛は、長承三年（一一三四）に父を亡くした後、鳥羽天皇の皇后で叔母にあたる美福門院藤原得子《なりこ》（一一一七〜六〇）の庇護のもと、保延二年（一一三六）に備後守となり、丹後守、越前守などを経て、保元二年（一一五七）から永暦元年（一一六〇）まで讃岐守をつとめた典型的な受領階級の貴族である。(2) その後、受領として蓄えた財力を基盤に、応保二年（一一六二）には内蔵頭となり、長寛二年（一一六四）には三位に叙せられている。美福門院の没後に出仕した後白河院の下では、仁安二年（一一六七）に『年中行事絵巻』にも描かれている法住寺殿の造営にたずさわり、さらに院の年預《ねんによ》（執事を補佐する実務担当者。公卿・殿上人から選ばれる）として院庁の経営の中枢をなした。

ところで、この巻の物語の展開を記す詞書を要約すると、おおよそ次のようになる。

（第一段）俊盛が春日社神主の大中臣時盛の勧めに従って春日社に月詣を始める。

（第二段）月詣をおこたらず何年も続けていたころ、讃岐守になり、さらに後白河院の年預となって家は栄える。

（第三段）月詣に対する疑念が俊盛の頭をかすめるが、春日社で「菩提の道も我心の道」という神の声を聞き感涙にむせぶ。

（第四段）年を経て家運は衰えるが、春日大明神の加護により俊盛は大往生を遂げる。

（第五段）父と同様に春日社を崇敬していた俊盛の子の季能《すえよし》は、春日社の加護により、夢に現れた天狗の難から逃れる。

その大まかな筋立ては、少年時代に父親を亡くすなど、必ずしも恵まれた境遇にあったわけではない俊盛が受領として財をなしたうえ、後白河上皇の近臣として世俗の権勢を獲得し、後に栄華は衰えながらも大往生を遂げるという生涯を送ることができたのは、春日社への信仰の賜物であり、その神恩は同じく春日社を崇敬した子の季能にも及ぶ、というものである。

二　描かれた俊盛邸

庭園を含む俊盛邸の全容が描画されるのは、巻五第二段である（図Ⅳ—1。ただし、図Ⅳ—1は東対の西部〈右上〉および廐〈右下〉以西）。まず、右から左へと話が展開する絵巻の通例に従って、門は東門として描かれる。その形式は上《あげ》土塀《つちべい》に開かれた棟門《むなもん》で、門を入った空間は、北を侍廊《さぶらいろう》とその前の塀、西を中門廊、南を随身所《ずいじんどころ》に囲まれた中門廊前広場である。[3] そこでは、多くの訪問者がそれぞれの来訪の目的を果たす面談を待ち、傍らでは俊盛邸の使用人が料理の素材とする豪勢な魚介類を長櫃から取り出している。中門廊に開く扉からさらに内に入ると、東対と想定できる建物で北を、廐で南を、塀で西を囲まれた小

図Ⅳ-1　藤原俊盛邸（『春日権現験記絵』巻五第二段）

広場となる。本来的に寝殿造の中門廊に開く中門は床を張らない土間で、中門を入ったところは寝殿の南庭となるが、ここでは床張りの廊に設けられた扉が中門的な役割を果たし、その内側もただちに南庭とはならず、囲われた小さな屋外空間となっている。ちなみに、東対と想定できる建物の畳のへりに腰かけて、広庇に座る人物に筆録させている人物が主人の俊盛と考えられている。さらに、小広場西側の塀を隔てた内部には、厩の出入口を備えた広場（以下、「厩広場」と仮称する）があり、そこでは厩から出された馬の調教が行われ、その西には、板敷きで一部が畳敷きの内部空間を持つ建物とその南に連なる塀が建つ。この建物は、配置と規模ならびに華麗な池庭に面するという観点からは渡《わた》殿《どの》ふうであり、その性格としては、子供が寝そべり、縁先には鳥小屋を作るなど、かなり日常生活空間的な様相を帯びている。また、池庭も本来的に儀式空間として不可欠な寝殿前の広庭を欠くなど、画面に描かれる範囲では、寝殿造の南庭としての様相を整えているとはいい難い。

このように、描かれた俊盛邸、ことに中門廊より内側は、典型的な寝殿造の住宅様式として描かれる巻三第三段の藤原忠実邸(4)（図Ⅳ—2）とは大きく異なる。俊盛邸がこのように描かれた理由は、この絵巻が制作された鎌倉時代末期には平安時代の寝殿造は大きく変容していたこともあろうが、何よりも制作者あるいは制作依頼者の意図するままの表現が自在に可能である絵画の特質にあ

るといってよいだろう。すなわち、描かれた俊盛邸は、寝殿造から変容した鎌倉時代末期の貴族住宅の様相を下敷きにしつつも、一つの理想の空間として空想された表現であったといえよう。

ところで、『春日験記絵』に描かれた俊盛邸が平安京のどこに位置していたかについても考えておきたい。俊盛の平安京内の屋敷としては、おもに二カ所が知られる。右京五条一坊一町と左京八条三坊十一町である(5)(図Ⅳ―3)。前者は倉を伴うもので、都のおよそ三分の一に災禍が及んだ安元三年(一一七七)の「太郎焼亡」によって焼失したことが記録に残る(6)。後者は、治承三年(一一七九)に後白河法皇が平清盛によって鳥羽殿に幽閉され、翌年都への帰還に際し渡御した屋敷として知られる(7)。描かれた俊盛邸はどちらなのか。先行研究では『平安京提要』が右京五条一坊一町説を採るが、朧谷《おぼろや》寿、五味文彦らは、左京八条三坊十一町とする(8)。『春日験記絵』では、俊盛の屋敷内に倉は描かれておらず、また、庭園の池の水源となる湧水に関しては、朱雀大路に面した右京五条一坊一町に比べ、鴨川からさほどは距離のない左京八条三坊十一町のほうが有利な立地であると考えられるからである(9)。描かれた庭園が実景表現でないとはいえ、絵巻制作の頃には、俊盛邸の栄華がまだ語り伝えられて

図Ⅳ－2　藤原忠実邸（『春日権現験記絵』巻三第三段）

いた可能性もあり、あるいは池水を湛えた池庭としての世評が残っていたのかもしれない。ちなみに、平安京左京八条三坊十一町は現在のJR京都駅の一帯にあたる。

三　富の世評の記号としての庭園

ここで、俊盛邸の建物と庭園がつぶさに描かれた巻五第二段の詞書きの全文を、あらためて示しておこう。

かくて、月ごとにまいることをこたらで、年をかさぬるほどに、讃岐守になりにけり。やうやう人々しくなりて、院にもちかくめしつかはれ、年預に補せられければ、家中とみて、ことのほかに世おぼえある人に成にけり。これひとへに神恩とおもひて、いよいよふた心なく大明神につかうまつりけり。

先にも述べたように、『春日験記絵』では、詞書と絵が対応する構成であるが、本章で取り上げる俊盛邸の庭園については、とりたてて詞書で触れられているわけではない。それでは、なぜ庭園をかくも詳細に描く必要があったのか。このことについて、五味文彦は、「ことのほかに世おぼえある人」すなわち、富裕者としてとく

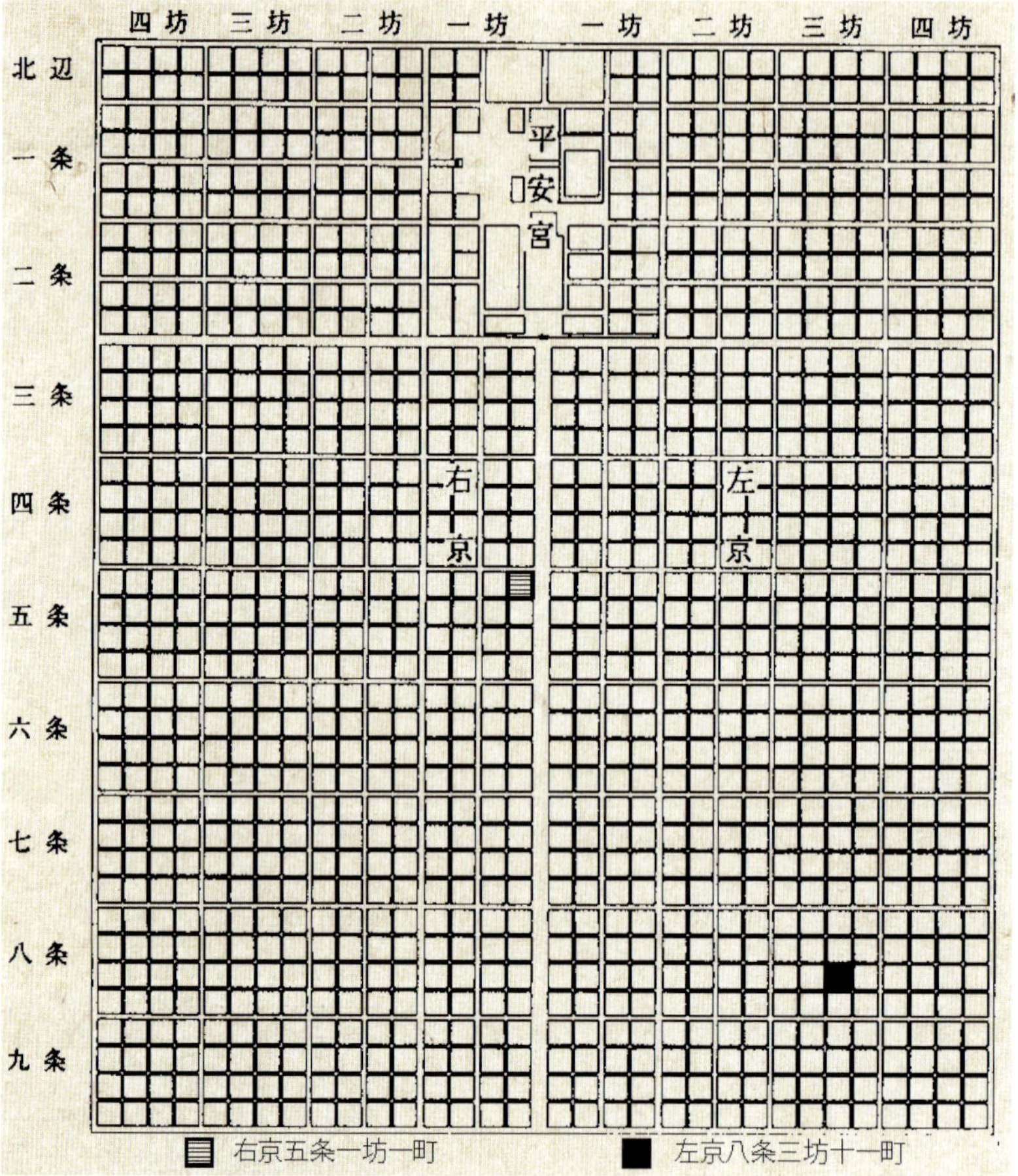

図Ⅳ-3　平安京内の藤原俊盛邸

（ご注意）

・この用紙は、機械で処理しますので、金額を記入する際は、枠内にはっきりと記入してください。また、本票を汚したり、折り曲げたりしないでください。

・この用紙は、ゆうちょ銀行又は郵便局の払込機能付きＡＴＭでもご利用いただけます。

・この払込書を、ゆうちょ銀行又は郵便局の渉外員にお預けになるときは、引換えに預り証を必ずお受け取りください。

・ご依頼人様からご提出いただきました払込書に記載されたおところ、おなまえ等は、加入者様に通知されます。

・この受領証は、払込みの証拠となるものですから大切に保管してください。

収入印紙
課税相当額以上
貼　　付

印

この用紙で「本郷」年間購読のお申し込みができます。

◆この申込票に必要事項をご記入の上、記載金額を添えて郵便局でお払込み下さい。

◆「本郷」のご送金は、４年分までとさせて頂きます。

※お客様のご都合で解約される場合は、ご返金いたしかねます。ご了承下さい。

この用紙で書籍のご注文ができます。

◆この申込票の通信欄にご注文の書籍をご記入の上、書籍代金（本体価格＋消費税）に荷造送料を加えた金額をお払込み下さい。

◆荷造送料は、ご注文１回の配送につき500円です。

◆キャンセルやご入金が重複した際のご返金は、送料・手数料を差し引かせて頂く場合があります。

◆入金確認まで約７日かかります。ご了承下さい。

振替払込料は弊社が負担いたしますから無料です。

※領収証は改めてお送りいたしませんので、予めご了承下さい。

お問い合わせ　〒113-0033・東京都文京区本郷７－２－８
吉川弘文館　営業部
電話03-3813-9151　FAX03-3812-3544

この場所には、何も記載しないでください。

02 東京 払込取扱票 通常払込料金加入者負担

口座記号番号 00100-5-244

金額 千 百 十 万 千 百 十 円 ※

加入者名 株式会社 吉川弘文館

料金

備考

ご依頼人・通信欄

フリガナ ※

お名前

郵便番号 電話

※ ご住所

※

〈この用紙で書籍代金ご入金のお客様へ〉
代金引換便、ネット通販ご購入後のご入金の重複が増えておりますので、ご注意ください。

各票の※印欄は、ご依頼人において記載してください。

裏面の注意事項をお読みください。（ゆうちょ銀行）（承認番号東第53889号）

これより下部には何も記入しないでください。

◆「本郷」購読を希望します

購読開始 号 より

1年（6冊） 1000円	3年（18冊） 2800円
2年（12冊） 2000円	4年（24冊） 3600円

（ご希望の購読期間に○印をお付け下さい）

日附印

切り取らないでお出しください。

記載事項を訂正した場合は、その箇所に訂正印を押してください。

振替払込請求書兼受領証

口座記号番号 00100-5-244 通常払込料金加入者負担

加入者名 株式会社 吉川弘文館

金額 千 百 十 万 千 百 十 円 ※

ご依頼人 おなまえ ※ 様

料金

日附印

備考

この受領証は、大切に保管してください。

に世評の高い人を示すものとして、庭園が描かれたのではないかと解釈している。(10) その解釈に従えば、少なくともこの絵巻が制作された時代においては、あらまほしきものとして描かれた庭園こそが富裕者としての世評を象徴するのに、この上ない空間と考えられていたことになる。では、あらまほしき庭園（理想の庭園）とはいかなるものであったのか。その構成要素を詳しく分析してみたい。

1　水

古来、自然景観を規範とする日本庭園の構成要素として、最も重要なものの一つが水である。自然のなかで泉・滝・渓流・大河・海とさまざまに姿を変える水は、自然景観を規範とする庭園内の意匠においても、きわめて重要な役割を果たす。同時に、住環境を快適にする観点からも、とりわけ夏の暑さを和らげる働きには、格別のものがあったことはいうまでもなかろう。(11)『春日験記絵』の俊盛邸の庭園においても、水は、泉・池・遣水《やりみず》の状況がうかがえる。

泉は直接は描かれていないが、画面上部の建物の形状からその存在が想像できる。すなわち、吹き放ちの建物の中央部の床が開口しており、その部分が泉の湧き出る地点であったと推測されるのである（図Ⅳ―4）。このような建物は「泉殿」と呼ばれたもので、逆の見方をすれば、現存事例のない当時の泉殿の実像に近い姿をこの絵巻が表現している貴重な事例ともいえる。また、池とつながり、一方で庭をめぐる遣水の源となる泉の湧水量は相当なものがあったとの想定で描かれていることがわかる。

池は岬と入江が連続する複雑な平面形を持ち、緩やかな勾配で立ち上がる州浜《すはま》の護岸にはとくに礫敷きや白砂敷きなどは表現されていない（図Ⅳ―5）。また岬の先端や脇には景石が据えられ、岩島も見えるが、寝殿造庭園に必須とされる中島やそこに架かる橋は描かれていない。また、池尻には、浮遊する落葉などを取り除くための柵が見える

図Ⅳ－4　泉殿（『春日権現験記絵』巻五第二段）

図Ⅳ－6　池尻の柵（『春日権現験記絵』巻五第二段）

図Ⅳ－5　州浜（『春日権現験記絵』巻五第二段）

図Ⅳ－7　遣水（『春日権現験記絵』巻五第二段）

（図Ⅳ—6）。

さらに、遣水は、幅は狭く、護岸の石列などを伴わない素掘りで、細かく屈曲しながら鳥小屋のなかや野筋の裾をめぐる様子が描かれている（図Ⅳ—7）。

2　築山・野筋（造成地形）

地上に造成された地形に関する要素としては、築山《つきやま》と野筋が認められる。築山は、池の対岸にある幾重にも山並が連なる大型のもの（以下、「築山1」という）だけでなく、建物側にも二カ所描かれている（以下、画面上部のものを「築山2」、下部のものを「築山3」という。図Ⅳ—8）。いずれも地被として芝あるいは苔類を示すかのような緑色の表現がなされており、池岸に連なるところまで張り出しているのが目を引く。また、野筋とは緩やかに造成された帯状の起伏によって野の風景を表現する技法であるが、ここではウサギの左方に横長に描かれており、その実態を示す好例となっている（図Ⅳ—9）。ちなみに、平安時代後期に編纂

図Ⅳ－8　建物側の築山（『春日権現験記絵』巻五第二段）

図Ⅳ－9　野筋（『春日権現験記絵』巻五第二段）

されたと見られる『作庭記』(12)では、築山と野筋の造作について、「山をつき野すぢをくことは、地形により、池のすがたにしたがふべきなり」と記されているが、ここにその様子が具体的にうかがえる。

3　石組

築山3の右手山裾、塀の屈曲部付近に石組が見え（図Ⅳ—10）、さらに、池対岸の築山1の山並みのなか（カエデの右方）にも石組が描かれている。これらは、池や遣水から離れた位置にあることから、『作庭記』に「池もなく遣水もなき所に石をたつる事あり。（中略）その枯山水《かれさんすい》の様は片山のきし或野筋などをつくりいでて、それにつきて石をたつるなり。」と記された「枯山水」の手法と見なすことができる。

石あるいは石を組み合わせた石組は、上述した「枯山水」手法の事例を除くと、池の岸辺に十数カ所、遣水の岸辺などに数カ所描かれている。とりわけ、石の形状は、枯山水のものを含めて凹凸に富んでいることから、海石と推定され、当時の庭石に対する好尚がうかがえる。泉殿の先端付近の池中の立石などは、

図Ⅳ-10　枯山水（『春日権現験記絵』巻五第二段）

図Ⅳ-11　泉殿先端の荒磯（『春日権現験記絵』巻五第二段）

『作庭記』に記される荒磯《ありそ》の表現に準じたものと見てよいだろう（図Ⅳ―11）。

4　植　栽

図Ⅳ-12　マツ（『春日権現験記絵』巻五第二段）

庭園植栽については、高木、中木、低木、草本が種々見られる。高木としては、池に枝を張り出すようにして植わるマツ三本が目立つ（図Ⅳ―12）。樹皮はアカマツのようにも見えるが、形状からするとクロマツと見るのが妥当であろうか。池対岸の築山1には、高木の根元が八本見えるが枝葉が画面外となるため、樹種の特定は不可能である。唯一、画面の左端に描かれた樹木は、枝葉と赤い実が描かれており、クロガネモチのようにも見える。中木としては、築山1の裾、池尻に近いところに青々とした若葉の美しいカエデ（図Ⅳ―13）と建物側の築山3に植わる八重のウメ（紅梅）が鮮やかに描かれている（図Ⅳ―14）。ちなみに、『春日験記絵』の制作とほぼ同時代に著された吉田兼好の『徒然草』第一三九段には、「家にありたき木」として、マツ・サクラ・ウメ・ヤナギ・カエデが挙げられており、さらに「かさなりたる梅の匂ひめでたき」や「わかかへで、すべて萬の花、紅葉にもまさりてめでたきものなり」といった記述の感覚も、俊盛邸庭園の植栽とよく合致する。低木としては、まずスギとマツの稚樹が三カ所の築山上に五本ばかり見えるが、これらは実生木《みしょうぼく》と見てよいだろう。さらに、築山2には赤い花のツツジと白い花をつけた常緑らしい低木が見える（図Ⅳ―15）。白い花の低木は、判断が難しいが、クチナシのようにも見える。ま

図Ⅳ-13　カエデ（『春日権現験記絵』巻五第二段）

図Ⅳ-14　八重のウメ（『春日権現験記絵』巻五第二段）

図Ⅳ-15　赤い花のツツジと白い花の常緑低木（『春日権現験記絵』巻五第二段）

図Ⅳ-16　バラ（『春日権現験記絵』巻五第二段）

た、築山3には赤い花をつけたバラ（コウシンバラか）[13]が見える（図Ⅳ—16）。バラの右手に、大きな薄桃色の多弁花をつけた低木が描かれるが、この樹種は判別できない。草本で目立つのはウサギが食む薄水色の花をつけた植物であるが、これまた種の判別がつかない。さらにその周囲に描かれるのは、ススキの類であろうか。なお、上に挙げた花やカエデの若葉は同一の季節に併存するものではないが、本来は同時期に開花しない花を同一画面上に表現する技法は平安時代以来、大和絵に見られる特色である。

このほか、地被は、前述のように築山を覆うものとして、芝または苔類が緑色で表現されている。また、景石やマツなどの高木の樹皮に点々と付着する様子が描かれているのは、地衣類と見られる。

5　動　物

『春日験記絵』に描かれた俊盛邸の庭園は、鳥類が写実的に多数描かれている点が際立った特徴である。なかでも三十三羽の水鳥が目を引く。すべて雁鴨類で、種が特定できるものとしては、雌雄のオシドリ（図Ⅳ—17）と雌雄のマガモがあり、コハクチョウかと思われる首の長い鳥も描かれている（図Ⅳ—18）。一部は飛翔する様子が描かれていることから、おそらく渡り鳥として飛来した野生のものと見てよかろう。雁鴨類以外では、池尻付近の水面に張り出した景石に停まる一羽のカワセミ（図Ⅳ—19）、築山2にウズラ（図Ⅳ—20）、築山3につがいらしき雌雄のキジ（図Ⅳ—21）が描かれている。さらに、鳥小屋のなかには色鮮やかな五羽の鳥が描かれており（図Ⅳ—22）、観賞用に飼われたものとの表現であろう。一番手前（左）の二羽並んで飛ぶ青が目立つ鳥と褐色が目立つ鳥は、その色合いからはルリビタキとジョウビタキと見えなくもないが、[14]あるいは制作者のイメージしたつがいの鳥なのかもしれない。

鳥以外で唯一描かれる動物が、草を食む一羽のウサギである（図Ⅳ—23）。わが国でウサギを愛玩用に飼育した記録

図Ⅳ-18　雌雄のマガモ（右の４羽）とコハクチョウ（左の２羽）（『春日権現験記絵』巻五第二段）

図Ⅳ-17　雌雄のオシドリ（『春日権現験記絵』巻五第二段）

図Ⅳ-19　カワセミ（『春日権現験記絵』同巻五第二段）

図Ⅳ-21　雌雄のキジ（『春日権現験記絵』巻五第二段）

図Ⅳ-20　ウズラ（『春日権現験記絵』巻五第二段）

図Ⅳ-22　鳥小屋の中の小鳥（『春日権現験記絵』同巻五第二段）

として最も古いのは『看聞御記』永享五年（一四三三）の記事といい[15]、ここに描かれたウサギは、自由に草を食む姿からしても、野生のものと見ておくのが妥当であろう。

なお、魚類は描かれてはいないものの、画面左寄りの潜水するオシドリや水面に近い景石に佇むカワセミが、池のなかの魚の存在を示唆している。

6 建築物・工作物

建築物としては池に張り出す泉殿、工作物としては鳥小屋と盆景（図Ⅳ―24）が注目される。前にも触れた中央部の床を張らない泉殿の構造は、泉の湧き出る様子を観賞するための造作であろう。建物近くに設けられた鳥小屋は、柱や梁に相当する構造材に竹を用い、網の素材も細く裂いた竹のようである。また、建物の縁先に置かれた台の上には盆景三鉢が置かれている。このうち、手前に見える木製の長方形の盆には奇石に加えて矮性に仕立てられたマツと実のなる木が見え、地には白川砂らしき砂利が敷かれている[16]。一方、その隣の盆は陶磁器製で、中心部に奇石を据えている。このほか、池の岸辺には小舟が停まり、水鳥の羽根休めの場となっている。

図Ⅳ-23　ウサギ
（『春日権現験記絵』巻五第二段）

以上、俊盛邸の庭園を構成する要素を見てきた。そのなかで、池や遣水、築山や石組といった庭園の骨格を成す要

図Ⅳ-24 鳥小屋と盆景
(『春日権現験記絵』巻五第二段)

素にも増して、豊富に描かれた動植物が特筆に値する。植物については、「常磐木」として古くから庭園の中心をなすマツのほか、[17]飛鳥・奈良時代から庭園に用いられたウメ・ツツジといった定番的な花木、[18]さらに当時としては外来という意識があったと見られるバラが描かれるなど、庭園の中で花を重要視していることがうかがえる。また、動物については、これまた飛鳥・奈良時代から庭園の景物として歌にも詠まれたオシドリをはじめとする多くの水鳥とともに、[19]キジやウズラといった里の鳥、水辺の美しい姿で知られるカワセミ、さらにはウサギまで描かれており、野生動物が「生きられる空間」としての庭園の姿が浮かび上がるのである。ちなみに、五味文彦は園池に描かれた水鳥を「浄土への誘いに近い表現」と捉える。[20]『阿弥陀経』『観無量寿経』などに描写される阿弥陀浄土における鳥の存在にも配慮した解釈ではあろうが、[21]俊盛邸の庭園はあくまで現世を描いた図像であり、この解釈を肯んずるには躊躇を覚える。

四　厩広場の情景と庭内の動物など

前節では庭園を構成する要素を分析したが、ここで庭園とは塀一つ隔てただけの厩広場に目を向けてみたい。厩広場には、厩から連れ出した馬を調教する様子とともに、鷹を手に建物の縁に腰掛けている人物を中心として数人の人物が寄り集まっている情景が描かれている（図Ⅳ—25）。取巻きの人物の一人も鷹を手にし、赤い首輪を付けた狩猟用の犬も控えている。中心人物は俊盛の長男の季能とも考えられている。この情景は貴族の典型的な遊びである鷹狩の準備を描いたものであり、厩広場に集う人と動物が鷹狩の一行をなすものとされる[23]。実は、『春日験記絵』のほかの巻に鷹狩の様子が描かれた箇所がある。巻三第一段の左大臣源俊房邸の襖絵のなか、すなわち画中画としての情景である。そこには、必死に羽ばたいて逃れようとするキジに鷹が今にも襲いかからんと迫り、地上では赤い首輪を付けた黒い猟犬がその後を追い、さらに供を従えた騎馬の貴人が続く様子が描かれている（図Ⅳ—26）。野山で繰り広げられる鷹狩の様子が具体的に示されており、鷹、犬、馬は、鷹狩に不可欠な三点の動物であることがよくわかる。

図Ⅳ－25　厩広場での鷹狩準備
（『春日権現験記絵』巻五第二段）

図Ⅳ－26　源俊房邸の襖絵に描かれた鷹狩
（『春日権現験記絵』同巻三第一段）

鷹狩の獲物は、画中画に描かれたキジはもちろんのこと、雁鴨類やウズラなどの鳥類、ウサギなどの小動物であった。すなわち、先に見た庭園内に描かれた動物たちである。五味文彦は、このことを指摘した上で、「俊盛の庭園には鷹狩にともなう風流と習俗とが見え隠れしている」と述べる(24)。含蓄のあるいい回しではあるが、曖昧さが残る。本章では、その意味合いを以下のように解釈しておきたい。

わずか塀一枚を隔てた厩広場で鷹狩の準備が行われているにもかかわらず、庭園のなかでは、鷹狩において獲物となる野生動物が安心して生息している。キジやオシドリ、マガモなどは雌雄で描かれており、生命と子孫繁栄を謳歌する表現となっている。このような図像から、庭園は、野山にあれば鷹狩の獲物となる動物にとって単に「生きられる空間」であるばかりでなく、生命ならびに子孫繁栄を保証された聖域（サンクチュアリー）たるべきものである、との観念が読み取れるのである。

むすび

以上、『春日験記絵』が制作された鎌倉時代末期の貴族の理想の庭園の心象として、この絵巻に描かれた藤原俊盛邸の庭園の分析・解釈を試みてきた。そこに特徴的に現れるのは、泉・遣水・池と多彩な様相を見せる豊かな水の意匠であり、彩りを添える美しい花木などの植物、ならびに雁鴨類をはじめとする多くの鳥類であった。なかでも、鳥類は鳥小屋のなかの観賞用の小鳥を除けば、野生のものが飛来している表現と考えられ、理想の庭園は都市のなかにあって自然と親和する空間と捉えられていた。しかも、それは、野生の生命の安全ならびに子孫繁栄が保証されるべき空間と意識されていたのである。

『春日験記絵』が制作された十四世紀初頭、すでに京都は延暦十三年（七九四）の平安遷都以来五百年を超える都市の歴史を刻んでいた。そして、その間、ほぼ一貫して都市文化の担い手の中核をなしたのが藤原氏とその系統をはじめとする貴族であったことはいうまでもない。この絵巻を発願した公衡の西園寺家は藤原北家閑院流で、鎌倉時代の前期から関東申次《もうしつぎ》（朝廷と鎌倉幕府間の交渉を担当する朝廷側の役職）として鎌倉幕府との強固な関係を築くことによって権勢を誇った家系である。また、実際に制作に当たった絵師の高階隆兼も、絵所預として、当時の貴族の好尚を表現する芸術部門での最高位に位置した人物であった。これらのことからうかがえるように、『春日験記絵』に描かれた藤原俊盛邸の庭園は、鎌倉時代末期の上級貴族による典型的な都市文化の表象であり、そこに表現された自然との親和、野生の生命の安全ならびに子孫繁栄という命題は、人工でありながら本物の自然を囲い込むことを欲望するという、都市文化の高度な到達点を示すものにほかならないと結論したい。

『春日権現験記絵』については、美術史学・歴史学をはじめさまざまな観点からの各種解説や論考が数多くある（主要なものは文末〈参考文献〉参照）。本章の執筆にあたっては、これら先行研究の成果を参考としたが、なかでも、絵巻に託された情報を丹念に解読した『『春日験記絵』と中世』（五味文彦、淡交社、一九九八年）からは教えられるところが多かった。また、本章における植物と鳥の同定では、奈良文化財研究所景観研究室研究員の惠谷浩子さんに相談に乗ってもらった。いずれも、記して感謝の意を表したい。

最後に、『春日権現験記絵』図版の使用をご許可いただいた宮内庁三の丸尚蔵館およびお世話いただいた同館学芸員・太田彩さんに深く感謝申し上げる。

註

(1) 『駒競行幸絵巻』の題材となった後一条天皇による高陽院への駒競行幸は、万寿元年（一〇二四）のこと。また、『春日権現験記絵』に描かれた寝殿造の邸宅としては、藤原忠実（一〇七八～一一六二）邸と藤原俊盛（一一二〇～?）邸がある。

(2) 『公卿補任』には、以下の記述が見られる。なお、和暦の後ろの（ ）内の数字は筆者の補った西暦。また、その直後の数字などは月日を表しており、例えば「正五」は正月五日、「十一十四」は十一月十四日の意。「長承三（一一三四）正五従五下（無品恂子内親王給當年）。保延二（一一三六）五（正カ）廿二備後守。同五月十日遷丹後守。康治元（一一四二）十一十四従五上（皇后御給。廿三）。同二（一一四三）四三正五下（皇后宮行啓押小路殿賞。造作功。廿四）。同三（一一四四）正廿四左兵衛佐。天養元（一一四四）十二卅遷越前守。久安三（一一四七）正五従四下（兵衛佐労。廿八）。同五（一一四九）二十三従四上（皇后宮御給。卅）。同六（一一五〇）正廿正四下（朝覲行幸。美福門院御給）。仁平三（一一五三）十二卅丹後守。保元二（一一五七）三廿六讃岐守。永暦元（一一六〇）四七辞守。以男季能申任越前守。應保二（一一六二）十廿八廉内藏頭」。

(3) 川本重雄「貴族住宅」（『絵巻物の建築を読む』東京大学出版会、一九九六年、三～二六ページ）に示された寝殿造に関する記述および図を参考に推定。なお、五味文彦は、北の建物を台盤所、南の建物を車宿とする（『『春日験記絵』と中世』淡交社、一九九八年、一四九～一五〇ページ）。

(4) 紋切り型な忠実邸の表現には粉本の存在も指摘される（伊藤延男「「春日権現験記絵」の建築について」『日本絵巻物全集一五』角川書店、一九六三年、三八ページ）。

(5) 左京八条三坊十一町は、平安時代末期に鳥羽天皇と美福門院得子の間に生まれた八条院暲子内親王（後白河天皇の異母妹）の院御所（左京八条三坊十三町）に近接する区画。

（6）『清獬眼抄』（『群書類聚』公事部所収）に「安元三年（一一七七）丁酉四月廿八日丁酉。天晴。今日亥刻。焼亡」とあり、その焼失域を示す地図上に「俊盛卿倉」が見える。

（7）『百錬抄』治承四年（一一八〇）五月十四日「法皇自鳥羽殿遷御八条坊門烏丸俊盛入道亭」。

（8）朧谷寿「春日権現験記絵に見る風俗・生活」宮次男編『日本の美術』二〇三、至文堂、一九八三年、九二ページ。前掲註（3）五味書、一五七ページ。

（9）周辺の左京八条二坊十五町、左京八条三坊四・五町、左京八条三坊九町などで湧水を水源とする園池の遺構が検出されている（鈴木久男「発掘遺構から見た平安時代庭園」『奈良文化財研究所学報第八六冊・平安時代庭園の研究』奈良文化財研究所、二〇一一、四四～四五ページ）

（10）五味文彦「絵巻と時代性―富の風景―」藤原良章・五味文彦『絵巻に中世を読む』吉川弘文館、一九九五年、三一三ページ。

（11）『徒然草』第五五段には、「家の作りやうは、夏をむねとすべし。……暑き比わろき住居は、堪へがたき事なり。深き水は涼しげなし。浅くて流れたる、遙に涼し。」とある。

（12）平安時代中期に編纂されたと考えられるわが国最古の作庭書。編纂者は、藤原頼通の子で修理大夫を務めた橘俊綱とする説が有力。記述は寝殿造庭園を念頭に置いたもので、自然景観を規範とするという基本姿勢のもとに、細部の技術論にも及ぶ。

（13）『明月記』建暦三年（一二一三）十二月十六日条「籬下、長春花猶有、紅葉」に見える「長春花」は、*Rosa Chinensis*（和名：コウシンバラ・庚申薔薇）の中国名。中国原産の四季咲きの種である。

（14）『枕草子』第四一段「鳥は」では、オウムは別格としながら、ホトトギスなどとともにヒタキの名が挙がっており、ルリビタキ・ジョウビタキは平安時代からその美しさが認識・評価される鳥類であったことがわかる。

（15）梶島孝雄『資料日本動物史』八坂書房、一九九七年、五〇三ページ。永享五年（一四三三）五月二十四日条に「兎子一浄喜進之。入鳥屋養之。」とある。『看聞御記』は伏見宮貞成親王の日記。

（16）京都の北白川で産出する花崗岩の風化した砂礫。本来、儀式の場の性格を持つ寝殿造庭園の南庭部分（寝殿前面）が雨天の際にぬかるむのを防ぐために撒かれたと考えられ、その後広く庭園の舗装材として用いられた。『明月記』建保五年（一二一七）二月八

日条に、「亜相又水無瀬殿山上造営新御所、此前後土木、惣盡海内之財力、又引北白川白砂云々」とある。

(17)『万葉集』には、中臣清麻呂邸の庭園を詠んだ「八千種の花はうつろふ常磐なる松の小枝を吾は結ばな」(四五〇一)が見える。

(18)『万葉集』には、草壁皇子の嶋宮を詠んだ「水傳ふ磯の浦廻の石つつじもく咲く道をまた見なむかも」(一八一)や、中臣清麻呂邸の庭園を詠んだ「梅の花さき散る春の永き日を見れども飽かぬ磯にあるかも」(四五〇二)などが見える。

(19)『万葉集』には、草壁皇子の嶋宮を詠んだ「嶋の宮勾の池の放ち鳥人目に戀ひて池に潜かず」(一七〇)や、中臣清麻呂邸の庭園を詠んだ「鴛鴦の住む君がこの山齋今日見ればあしびの花も咲きにけるかも」(四五一一)などが見える。

(20) 前掲註(3)五味書、一五七ページ。

(21)『阿弥陀経』(鳩摩羅什訳)には「白鵠、孔雀、鸚鵡、舎利、迦陵頻伽、共命之鳥。是諸衆鳥、昼夜六時、出和雅音。」、『観無量寿経』(畺良耶舎訳)には「此想成時、行者当聞、水流光明、及諸宝樹、鳧鴈鴛鴦、皆説妙法」という描写がある。

(22) 小松茂美編『続日本の絵巻』一三・一四、中央公論社、一九九一年、三三ページ。

(23) 前掲註(3)五味書、一五四～一五五ページ。

(24) 前掲註(3)五味書、一五五ページ。

参考文献

『日本絵巻物全集一五　春日権現験記絵』角川書店、一九六三年。
宮次男編『日本の美術二〇三　春日権現験記絵』至文堂、一九八三年。
小松茂美編『続日本の絵巻一三・一四　春日権現験記絵』中央公論社、一九九一年。
藤原良章・五味文彦編『絵巻に中世を読む』吉川弘文館、一九九五年。
五味文彦『『春日験記絵』と中世』淡交社、一九九八年。

第五章

永禄八年の京都の庭園の形態と機能
――フロイス『日本史』の記述から――

はじめに

ルイス・フロイス（一五三二～九七）は、リスボン生まれのポルトガル人。インドのゴアでイエズス会の宣教師としての訓練を受けた後、永禄六年（一五六三）、三十一歳のときに来日した。永禄八年（一五六五）には京都に入ったが、同年、庇護者と頼んだ将軍足利義輝（一五三六～六五）が松永久秀（一五一〇～七七）らの襲撃で死亡し、久秀により京都を追放されたため、以後堺などを拠点に布教活動を行なった。永禄十二年（一五六九）以降は織田信長（一五三四～八二）の許可を得て京都を中心とした畿内の布教に本格的に取り組み、天正五年（一五七七）豊後に転任後は大友宗麟の庇護のもとで布教に活躍した。天正十一年、フロイスはイエズス会からその布教史としての『日本史（Historia de Japao）』編纂の命令を受け、以後、十余年にわたってその筆録を続けた。慶長二年（一五九七）、長崎で逝去、享年六十五歳。編年体で著された『日本史』はキリスト教布教史とはいえ、フロイスの観察力と文筆の才により、十六世紀後半の日本の社会や文化あるいは風俗を知る貴重な史料と評価されている(1)。ただし、原本は現存せず、一部を欠いたモンターニャによる写本のみが現存する。日本語訳は、松田毅一氏らによって進められ、その成果は一九七六〜八〇年に『フロイス日本史』一〜一二（松田毅一・川崎桃太訳、中央公論社）として出版された。さらに、一部改訂を加えた『完訳フロイス日本史』（松田毅一・川崎桃太訳、二〇〇〇年）が中央公論新社から、より入手容易な文庫本として出版された。本章では、この中央公論文庫の『完訳フロイス日本史Ｉ　織田信長編Ｉ』の第一九章（フロイス原本では第一部五八章）をテキストとして用い、フロイスの記述の検討を通じて得られた永禄八年（一五六五）の京都の庭園の形態と機能についての情報を整理・検討し、それらについての解釈を提示する。

なお、ヨーロッパ人によるこの時代の日本に関する記述のうち、庭園を含む住景観に注目した先行研究としては「外国人の見た安土桃山日本の住景観」（中村貞一『造園の歴史と文化』養賢堂、一九八九年、四六四〜四九六ページ）がある。この論考は、ジョアン・ロドリゲス（一五五八〜一六三四）の『日本教会史』ならびにこのフロイスの『日本史』を中心にヨーロッパ人宣教師の観察した安土桃山時代の住景観などを論じた業績として尊重すべきものであり、本章で扱う章については、とくに深い考察は加えられていないものの、内容紹介と若干の解説が加えられている。

一　永禄八年の京都の庭園に関するフロイスの記述

永禄八年に念願の京都入りを果たしたフロイスは、「都の市街、およびその周辺にある見るべきものについて」と題して京都の寺社・邸宅等の見物について記している。その訪問先と記述対象などは、表Ｖ―1のとおりである。以後、訪問先の名称は現在の通名とする。

これらのうち、フロイスが庭園について記しているのは、東福寺、足利将軍邸、細川管領邸、大徳寺塔頭1、大徳寺塔頭2、鹿苑寺、東寺の七ヶ所（表V—1のゴシック表示）である。それぞれの庭園に関するフロイスの記述を以下に要約しておこう。

東福寺

主要三堂と相対する禅堂（両側に座席のある一室）は、種々の樹木がある諸庭園のなかにある。

足利将軍邸

将軍足利義輝が不在時に、キリシタン貴人の案内で訪れた。そこでは、将軍が静養するために建てた住居に付随する庭園とそれに続く宮殿（御殿）の中央の庭園を見た。前者は、巧妙に手入れされており、鐘や塔などの形に刈り込まれた杉、松、蜜柑などの樹木、および百合、薔薇、雛菊などの色とりどりの草花で構成されている。それらは静養と慰安のために植えられたものである。後者は、この前者よりも優れたものである。

細川管領邸（細川晴元旧邸）(2)

戦乱のため主人の居ない留守宅となり、御殿は破損していたが、評判の高かった庭園は旧態を保っている。庭園の中央には美しい水をたたえた池がある。その水は遠方から引き込まれ、自然形に刈り込まれた繁みのなかの流路を経由して池に流入する。池には複数の島を配置し、池岸と島、あるいは島相互間は非常にきれいな木橋や石橋でつながっている。池や島のそこここには、美しい樹木が鬱蒼と繁っている。

大徳寺塔頭1

方形の石を敷き詰めた廻廊の片側に庭園がある。庭園の中心となるのは、この庭のために遠方から取寄せた特別な石でできた築山《つきやま》である。この築山の上には、多種多様の灌木が配され、幅一パルモ半（一パルモは約二一センチ）の道がつけられ、橋が架かっており、きわめて技巧的である。築山以外の地面は一部に粗い白砂が敷かれ、ほかのところ

表Ⅴ-1　永禄八年フロイスが見物に訪れた京都の社寺・邸宅

場　所	記述対象	備　考（関連する記述）
三十三間堂	三十三間堂・仏像（阿弥陀像と周囲の仏像）	多数の参詣者はむしろ見物目的。
東福寺	木立・小川・第一堂・第二堂・第三堂（二階建）・禅堂・庭園・仏像・墓地	高貴で古い寺院。
祇園社		巡礼者多い。日本中に著名。
清水寺	湧泉・眺望	巡礼者多い。日本中に著名。
公方殿の宮殿（足利将軍邸）	居室・庭園（離れの庭・御殿中央の庭）・厩	上京二条所在。将軍不在時に庭園を見物。
内裏の宮殿（御所）	宮殿	荒廃進む。
百万遍（知恩寺）	阿弥陀堂	熱烈な参詣者が市中で最も多い。
細川殿の御殿（細川管領邸）	御殿・庭園	細川殿は追放中で、御殿破損。
紫野（大徳寺）	森・多数の塔頭	僧院（塔頭）には、宗派の帰依者（貴人）が各地から訪れる。
僧院の一つ（大徳寺塔頭1）	門・回廊・庭園	
別の一院（大徳寺塔頭2）	回廊・庭園・書院・開山像	
別の一寺	輪蔵	
別の一寺（千本閻魔堂）	閻魔像	参詣者多数。
公方の旧別荘（鹿苑寺）	金閣（三階建て建物）・庭園（池・島・滝）	都人の散策来訪多い。番人がおり、境内では肉食魚食禁止。
別の一院（等持院）	将軍画像	
浄土宗の一僧院（知恩院）	本堂・阿弥陀像	高僧の説教に聞き入る信者多数。
弘法大師の建てた僧院（東寺）	築地塀・庭園・焼失した五重塔	

は小粒の黒石敷きである。そこには高さ一・五〜二コヴァド（一コヴァドは約六六センチ）の複数の自然石が据えられ、また、薔薇をはじめとした草花が植えられており、それらは年中入れ替わり花をつける。

大徳寺塔頭2

廻廊と鮮やかな緑の庭園があって、その清浄で整然たる様子は大徳寺塔頭1に劣らない。

鹿苑寺

かつての将軍の別荘で一見の価値がある。池の真中に上階を塗金した三階建ての楼閣（金閣）がある。池には小さい島々を配し、枝を屈曲させて仕上げた多数の松をはじめ美形の樹木が植えられている。以前には、将軍が遠方や異国から集めた各種の水鳥を池に放っていたとのことである。また、かつて将軍は金閣の二階から庭園や池を眺め、また、金閣内から魚釣りをすることもあったという。金閣から少し隔たった叢林のなかに滝があり、この滝の水が池に流れ込んでいる。この庭園には、散策を目的に都の人々が多数訪れるが、番人はそこでの肉食および魚食を厳しく禁止している。

東寺

周囲に築地塀がめぐらされ、内部には美しい緑の庭園があり、それはニワと呼ばれている。

二　『上杉本洛中洛外図』に描かれた当該庭園

『日本史』におけるフロイスの記述の対照資料として、『上杉本洛中洛外図』を取り上げてみたい。初期洛中洛外図の傑作『上杉本洛中洛外図』は、狩野永徳の作品とされるが、制作年代とともに、景観年代、すなわちいつの時点の

図Ⅴ－1　足利将軍邸（『上杉本洛中洛外図』）

図Ⅴ－2　細川管領邸（『上杉本洛中洛外図』）

京都を描いたものであるかについても諸説がある。(3)このことについては決着がついているわけではないが、景観年代については、おおむね十六世紀第三四半期と見て大過ないだろう。この期間、京都の景観を大きく変化させる造営事業や事件などがなかったことに鑑みれば、とりもなおさず、永禄八年（一五六五）にフロイスが見た京都がモデルとなっていると見て問題ないものと考えられる。なかでも、足利将軍邸と細川管領邸は、初期洛中洛外図の重要な要素であっただけに、詳細に描かれており、フロイスの記述との対照が可能である。

まず、足利将軍邸は、「公方様」として上京《かみぎょう》隻四・五扇に描かれている（図V―1）。庭園として目に付くのは、主殿の南に広がる池庭であり、これはフロイスのいう「宮殿（御殿）の中央の庭園」であろう。この池庭に見える庭木は、マツ、イブキまたはスギ、紅白のウメおよび広葉樹である。一方、フロイスの記述に詳しい刈込んだ樹木や草花を中心とした将軍の住居部分に付属する庭園は認識できない。

また、細川管領邸は「細川殿」として上京隻三扇に描かれている（図V―2）。主殿の南に築かれた庭園は、出入りの多い複雑な汀線を持つ池を中心としたものであり、これがフロイスのいう「美しい水をたたえた池」であることは疑いない。また、池では、島は認識できないものの、池のそこここに覆い被さるように生い茂ったマツ、イブキまたはスギ、紅白のウメなどの庭木、東からの導水路や木橋（亭橋）および二基の石橋は、フロイスの記述どおりといってよいだろう。

この二ヶ所のほか、上京隻第二扇には鹿苑寺が金雲の中にわずかに覗く。そこには金閣とともに滝が描かれており、フロイスも記述した滝がこの庭園の大きな見せ場であったことがうかがえる。

三　庭園の形態

本節では、フロイスの記述からうかがえる庭園の形態および材料について、『上杉本洛中洛外図』に見える描写や他史料の記述とも比較しつつ情報を整理・検討し、解釈を提示する。

枯山水

枯山水様式の庭園が比較的詳細に記述されているのは、大徳寺塔頭1である。廻廊に接して設けられたその庭園は、庭園景観の焦点として石を多用した築山を築き、地面に粗い白砂と小粒の黒石を敷き詰め、そのほか随所に一メートル以上の景石を据える、といった構造を持つ。築山上には、「多種多様の灌木が配されるとともに、幅三〇センチ余りの道がつけられ、同じくらいの幅の橋が架かっている」とのフロイスの記述からすると、道や橋など人工的要素を含む自然景観を具象的に表現した枯山水であったと判断できる。なお、同様に具象的な表現を持つ大徳寺の塔頭大仙院の書院庭園は、書院が建築された永正十年（一五一三）頃の築造であると見られ、フロイスが大徳寺を訪れた時にはすでに存在したはずであるが、記述内容からしてこの大徳寺塔頭1ではない。松田毅一氏は、フロイスの書簡から、この塔頭1を瑞峯院と推定している。(4) ところで、「特別な石がこの庭のために遠方から取り寄せられた」という記述はフロイスの観察ではなく、同行者あるいは寺の関係者からの説明に基づいたものと考えるのが妥当である。この時期、京都の庭園の築造において、京都以外の各地から石が運ばれたことは、大仙院書院庭園の石質調査によっても明らかにされており、(5) この記述からも、庭石を他地方から持ち込むことを当時の人々がよく知っていたことがうかがえる。築山以外に目を移してみると、地面に敷かれた粗い白砂と小粒の黒石のうち白砂部分は、象徴的に水面を表現するために敷かれた白川砂である可能性が大きい。(6)また、「薔薇をはじめとした草花が植えられており、それらは年中入れ替わり花をつける」という記述からは、この枯山水では花の咲く多種類の草本が庭園の構成要素として植えられていたことがうかがえる。江戸時代以降の枯山水では花があまり用いられなかったことと比較すると、この頃の枯山水の特色を示す注目すべき記述といえよう。(7)なお、「年中入れ替わり花をつける」との記述はフロイスの観察ではなく、寺僧の説明に基づいたものである。

池庭

池庭について記述されているのは、細川管領邸と鹿苑寺である。足利将軍邸も、上述『上杉本洛中洛外図』に見るように、たいへん立派な池庭があり、フロイスのいう宮殿（御殿）の中央の庭園がこの池庭を指すと思われるが、なぜかその詳細については触れていない。将軍の留守中にキリシタン貴人の案内で入ったという記述からすると、あるいはこの池庭については十分な観察あるいは鑑賞ができなかったのかもしれない。

細川管領邸の庭園については、複数の島のある池が中心の庭（主庭）で、その水源が屋敷地内の湧水などではなく外部から引き込まれたものであり、しかもきわめて良好な水質であることが記されている。また、池に架かる木橋・石橋にも触れていることから、上述の『上杉本洛中洛外図』での描写とも考えあわせると、池を中心として園内を廻ることのできる庭園であったことが想定できる。

次に鹿苑寺の庭園であるが、池の真中に楼閣（金閣）があるとの表現からすると、金閣は池に浮かぶ島の上に建っていたものと推定できる。瑞渓周鳳《ずいけいしゅうほう》（一三九一～一四七三）の日記『臥雲日件録《がうんにっけんろく》』によれば、足利義満造営になる鹿苑寺の前身・北山殿では舎利殿（金閣）の北に橋で通じた天鏡閣と呼ばれる建物があったことが知られる。(8)このことから金閣が島の上にあった可能性が指摘されていたが、(9)フロイスの記述もその裏づけになるものといえよう。また、

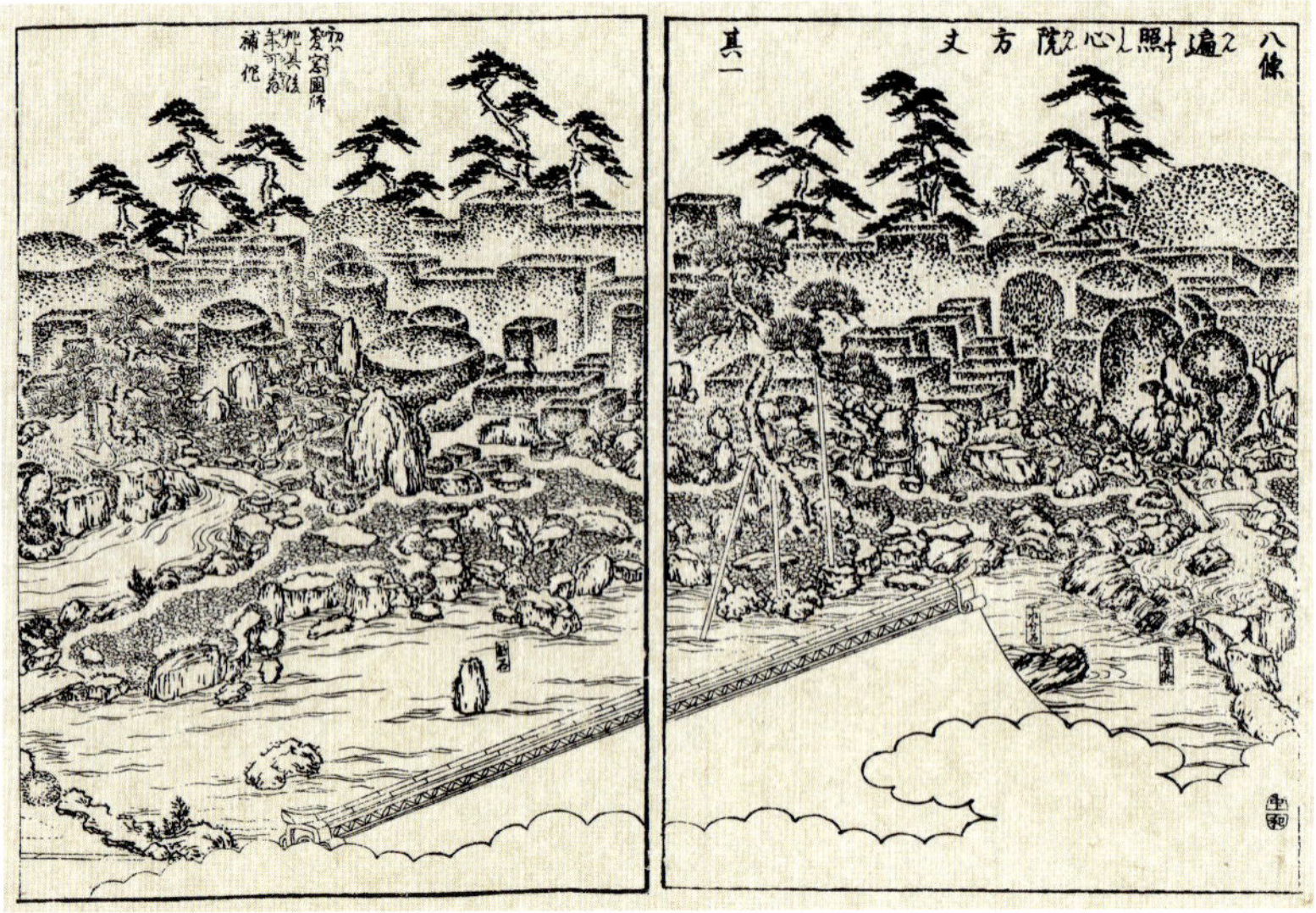

図Ⅴ-3　遍照心院庭園（『都林泉名勝図会』）

池に小さな島々があるとの記載は、大名からの寄進による石や九山八海石《くせんはっかいせき》などを岩島として多く用いた鹿苑寺庭園の池の景観をよく表しているものといえよう。さらに、描写されるマツをはじめとした樹木の様子からは、この頃においても、かなり高密度の植栽管理が行われていたことがうかがえる。また、池への導水の役割を果たす滝については、『上杉本洛中洛外図』にも描かれており、庭園の重要な要素と認識されていたことがわかる。さらに、伝聞として記している、「かつて遠国や異国から集めた水鳥を池に放っていた」との記述からは、義満による北山殿造営時に水鳥が庭園景観の構成要素として大きな役割を果たしていたことがうかがえる。(10)

樹木植栽・管理

樹木の植栽および管理についての記述で注目されるのは、足利将軍邸と細川管領邸、そして鹿苑寺の庭園である。まず、足利将軍邸の庭園では、「鐘や塔などの形に刈り込まれた杉、松、蜜柑などの樹木」に注目したい。フロイスの表現からは、樹木を具体的なもののかたちに刈り込んだ一種のトピアリーのようにも受け取れるが、具体的なものの形の刈込みの記録がほかの文献・絵画史料に見られないことや後世の絵画史料(11)(図V—3)から見て、むしろ円錐形や下半を切除した卵形のような幾何学的な刈込みを施したものと考えたほうが妥当であろう。この時代、植栽を中心とした平庭でこうした刈込みが行われていたことを明記している点で、庭園史上の史料的価値は大きい。なお、日本庭園における幾何学的な刈込みの手法は、江戸時代に出島のオランダ人を通じてヨーロッパ庭園から影響を受けたものとの説があるが(12)、フロイスの記述からは、この頃すでに出現していたことがうかがえる。こうした刈込み手法がヨーロッパからもたらされたか日本で独自に発展していたかについては今後の解明を待ちたいが、種子島へのポルトガル人の漂着(一五四三)から二十二年、ザビエル来日(一五四九)からも十六年に過ぎないこの時期、庭園植栽のような実利を伴わない分野にまでヨーロッパの影響があったとは考え難い。また、当時の京都は九州ほどヨーロッパ文化との交渉が盛んでなかったことも考え合わせると、後者の可能性が高いと思われる。

次に、鹿苑寺庭園の植栽と管理について。植栽樹種に関しては、足利義満による北山殿(鹿苑寺の前身)の当初の植栽にはサクラとカエデが多かったものの、応仁の乱(一四六七〜七七)の頃に伐採が相次ぎ、『築山庭造伝《つきやまていぞうでん》』(一七三五)に見るようなマツの植栽は後世のもの、との研究成果がある(13)。マツが優先するようになった「後世」とされる時期については、フロイスが見た時点でマツが手入れされた庭木としての姿を持っていることから考えると、応仁の乱以後それほど時間をおかずマツが植栽されたか、あるいは実生《みしょう》のマツを選抜・育成したものと考えられる。ちなみに、マツを笠状に仕立てたり、古葉を摘んだりという手入れが室町時代にはすでに確立していたことが指摘されている(14)。

草花植栽

足利将軍邸の将軍の住居の庭園では、鐘や塔などの形に刈り込まれたスギ、マツ、ミカンなどの樹木とともに、ユリ、バラ、ヒナギクなどの色とりどりの草花が植えられていたことが、また、大徳寺塔頭1の枯山水でも、バラを始めとする四季の草花が植えられていたことが記されている。室町時代の庭園では、草本を含めた植栽植物の種類の増加が指摘されており、(15)例えば三条西実隆《さんじょうにしさねたか》（一四五五～一五三七）の日記『実隆公記』に、彼が明応九年（一五〇〇）六月まで住んだ武者小路北側の邸では、シチク（紫竹）やマツ・ウメなどの木本のほかバラとユリが植栽されていたことが記されている。(16)こうしたことからも、(17)バラやユリは室町時代後期に人気のある植栽草本であったことがうかがえる。

四　庭園の機能

本節では、フロイスの記述からうかがえる庭園の機能について、他史料とも比較しつつ情報を整理・検討し、解釈を提示する。

静養と慰安

フロイスは、足利将軍邸の「将軍が静養するために建てた住居に付随する」庭園の植栽の機能として、「静養と慰安」を挙げている。記述が「晴れ」の場である主庭ではなく、「褻《け》」の場というべきプライベートな庭園を対象としていることから、この植栽の果たす機能はフロイスの記述のとおりであったと考えてよいだろう。ちなみに、室町時代は庭園の植栽種が増加した時期とされるが、こうしたプライベートな庭園での植栽が活発になったことがその要因のひとつと考えられるかもしれない。

観光資源(18)

この時期、混沌とした世相にもかかわらず、京都では庭園が一種の観光資源として機能していたことが、フロイスの記述からうかがえる。そもそも、フロイスが関係者に案内されて、こうした寺社・邸宅を訪問していること自体が一種の観光行為であり、訪問先は観光資源的資質を有していたということができる。なかでも注目したいのは、大徳寺、鹿苑寺である。

まず、大徳寺。フロイスは、大徳寺の宗派である禅宗を現世利益的な教義を持つと紹介し、「僧たちは家屋の優雅さ、清潔さ、庭園の技巧に秀でることに専心する」と書く。そして、その理由として、それらの建物や庭園を見物するために、遠国を含む各地から多数の貴人が見物に訪れることを挙げ、その見物を許されるのは宗派の帰依者だけであると続ける。こうした記述は、帰依者に限るとはいえ、観光資源として建物や庭園が重要であったことを示している。庭園は、居住者たる僧自身のためのみならず、訪問する帰依者に快適な非日常性を感じさせる接遇の装置、すなわち一種の観光資源として重要な機能を果たしていたといえるだろう。

鹿苑寺の庭園は、大徳寺に比べ、より古くから公家や僧侶を対象とした観光資源の様相を呈していた。足利義満没後に相国寺の末寺となった鹿苑寺には、将軍や公家、僧侶が紅葉見物などに訪れることも多かったのである(19)。応仁の乱の戦火で金閣を除く建物は悉く灰燼に帰し、庭園もまた荒廃したが、乱がまだ終息を見ない文明七年（一四七五）には三条西実隆が見物に訪れており、さらに長享二年（一四八八）には横川景三《おうせんけいさん》ら五山の僧侶が金閣で連句の会を開いて宴飲、下っては永正十四年（一五一七）に鷲尾隆康らが見物に来訪したことも史料に残っている(20)。フロイスは、鹿苑寺の庭園には「散策を目的に都の人々が多数訪れ」、「番人たちは同所で肉や魚を食べることを何びとにも許さない」と記している。「魚食・肉食禁止」という鹿苑寺の対処は、上述例のように宴会や飲食を伴うことも稀でなかった公家や僧侶あるいは武家などの従来型の来訪への対応といえよう。一方、「散策を目的に都の人々が多数訪れた」との記述は、このころ鹿苑寺の庭園が京都の民衆の行楽地的な様相を呈していた、と解釈するのが妥当であろう。京都の寺社は、戦国時代、荘園制の崩壊や幕府の衰退により経済的基盤を失い、勧進や開帳などで庶民層に積極的に接近し、財源獲得を図ったからである(21)。

秩序の象徴と接遇の装置

細川管領邸については、上記二例のような観光資源的資質を持っていたというのは難しいだろう。細川管領邸は、おそらく当時京都の実権を握っていた三好氏により一定の管理をなされていたと思われる。それは、三好氏といえども形式上は室町幕府の秩序のなかに組み込まれた存在であり、その秩序の象徴的意味を持つ細川管領邸を保持することは彼らにとっても重要な意味を持ったからであろう。そして、フロイスの記述で注目したいのは、管領邸の建物がやや荒廃の模様を呈していたのに対し、庭園は池の水源確保や水質保全、植栽の手入れといった管理が十分に行われていたことである。事実、フロイスの場合のように、しかるべき紹介者、案内者がいれば見物も許されたことに鑑みれば、細川管領邸のなかでもとくに庭園部分は、一種の接遇の装置として機能していたものと考えうる。

むすび

フロイス『日本史』による永禄八年（一五六五）の京都の庭園に関する記述は各庭園の当時の形態や機能などを知る上で重要な情報を提供しており、それらの整理・検討を通じて、いくつかの解釈を提示できた。主なものを挙げてみよう。フロイスが一種のトピアリーと記述した足利将軍邸の幾何学的と思われる刈込み手法は、日本で独自に発展した可能性があること。大徳寺塔頭の枯山水には四季の草花が植えられており、こうした意匠は、江戸時代の枯山水と比較して、この時代の枯山水の特徴といえること。足利将軍邸や鹿苑寺あるいは細川管領邸などの庭園は、良好に管理され、それぞれ静養・慰安、観光資源、秩序を象徴する接遇装置といった機能を有していたこと。

こうした解釈の妥当性については、今後のさらなる検証が必要であろうが、本章で試みたように、これまで庭園史の観点からは詳細に検討されることのなかった史料の記述を整理・検討し、解釈していくことが庭園史研究の厚みを増していくのに寄与するものと考えている。

註

（1）フロイス『日本史』の史料的価値につては、「近世初期の日本史研究には第一級の史料」であり、「宣教師としてのある程度の偏見はともかく、観察と情報収集の的確さと詳述という点では抜群の価値が認められる。」（『国史大辞典』第一二巻、吉川弘文館、一九九一年）と評価されている。

（2）細川晴元は、天文十八年（一五四九）に三好長慶により京都を追われており、そのあと管領職に就いたと見られるのは、細川氏綱（?～一五六三）であるが、永禄八年には氏綱もすでに死去している。天文法華の乱（一五三六）以前の景観年代を持つとされる『歴博甲本洛中洛外図』の細川管領邸の庭園は、『上杉本』とほぼ同様の構造・意匠を有しており、この時期に管領職にあった晴元の時代からのものであることは確実である。作庭は、晴元に先立つ管領であり、北畠館跡庭園や朽木館跡庭園（旧秀隣寺庭園）への関与が指摘される細川高国（一四八四～一五三一）の時期に遡る可能性がある。

（3）「洛中洛外図偶感」（狩野博幸『洛中洛外図・都の形象―洛中洛外の世界』淡交社、一九九七年、三三八～三五一ページ）によれば、以下のような説がある（〈 〉内は提唱者）。天文十七年（一五四八）～永禄七年（一五六四）〈田中喜作・武田恒夫〉、永禄四年（一五六一）～同九年（一五六六）〈辻惟雄〉、天文十一年（一五四二）～同十八年（一五四九）〈川上貢〉、天文二十一年（一五五二）〈鈴木進一〉、天正二年（一五七四）以降〈高橋康夫・奥平俊六〉、天文十六年（一五四七）〈今谷明〉。

（4）松田毅一・川崎桃太訳『フロイス日本史』中央公論社、一九七八年、二五九ページ註五二・五三。
（5）尼崎博正『古庭園の材料と施工技術に関する研究』昭和五九年度科学研究費補助金・一般研究（C）研究成果報告書一九八五年、一六～一七ページ。
（6）『明月記』の記述から、京都市左京区北白川で産出する白川砂は、すでに鎌倉時代初頭から庭園の敷砂として用いられていたことが指摘されている。（小野健吉『岩波日本庭園辞典』岩波書店、二〇〇四年、一五〇ページ）
（7）常盤院や三条西殿の枯山水に花木や草本が植えられた状況が『歴博甲本洛中洛外図』に見られるとの指摘がある（飛田範夫『日本庭園の植栽史』京都大学学術出版会、二〇〇二年、一九八～一九九ページ）
（8）『臥雲日件録』文安五年（一四四八）八月十九日条に、最一検校が足利氏の事跡を語った話として、「舎利殿北、有天鏡閣、複道与舎利殿相通、往来者似歩虚。」とある（『大日本古記録』岩波書店、一九六一年。
（9）久恒秀治「鹿苑寺の庭」『京都名園記』誠文堂新光社、一九六八年、二五二ページ。
（10）景徐周麟（一四四〇～一五一八）が著した「鹿苑院殿百年忌陞座散説」（『翰林葫蘆集』所収）では、応永四年（一三九七）の北山別業（鹿苑寺）の庭園について、「…山囲水繞。麋鹿濯々。白鳥翯々。…」と描写する（傍線筆者）。（外山英策「西園寺北山殿と義満の北山殿」『室町時代庭園史』岩波書店、一九三四年、五一六ページ）
（11）秋里籬島『都林泉名勝図会』一七九九年。図V―3は、秋里籬島著・井口洋校訂『都林泉名勝図会』柳原書店、一九七五年、一二〇～一二一ページから。
（12）秋里籬島著・白幡洋三郎監修『都林泉名勝図会・上』講談社、一九九九年、一一八～一一九ページ所収の白幡による遍照心院庭園の解説。
（13）前掲註（7）飛田書、一六〇～一六一ページ。
（14）前掲註（7）飛田書、二〇四～二〇六ページ。
（15）前掲註（7）飛田書、二〇七～二一三ページ。
（16）『実隆公記』長享二年（一四八八）五月七日「庭前薔薇、令移東方南面」。明応五年（一四九六）四月八日「宗聞法師百合花五本送之、二本遺勧修寺、三本栽庭上了」（三條西伯爵家御蔵版、太洋社、一九三一・三三年）

(17)　平安時代には中国産のバラ（コウシンバラと見られる）が移入されて薔薇（ソウビ）と呼ばれていたことが紀貫之の歌（『古今集』四三六）から知られている。また、『春日権現験記絵』（一三〇九年成立）に描かれた藤原俊盛邸の庭園にもコウシンバラと推定できる花が見える。

(18)　岡本伸之は、観光資源を「観光者を引き付ける誘引力の素材」と定義する（「観光と観光学」『観光学入門』二〇〇一年、有斐閣、一七ページ）。中・近世においても観光者を引き付ける本質的素材を観光資源と呼ぶことは許されよう。

(19)　享徳四年（一四五五）三月十一日の瑞渓周鳳の来訪以後の公家・僧侶の来訪については、「西園寺北山殿と義満の北山殿」（前掲註（10）外山書、五〇六〜五二五ページ）に詳しい。

(20)　それぞれ『実隆公記』文明七年六月五日条、『蔭涼軒日録』長享二年五月八日条、『二水記』永正一四年六月二八日条。

(21)　今谷明『戦国時代の貴族』講談社、二〇〇二年、三一九〜三二〇ページ。

第六章　醍醐寺三宝院の作庭
―『義演准后日記』から―

はじめに

醍醐寺三宝院庭園は、豊臣秀吉が自ら縄張りを行なって築造された庭園として名高い。また、秀吉の没後作庭を引き継いだ醍醐寺座主・義演准后《ぎえんじゅごう》がその築造過程を『義演准后日記』（以下、『日記』という）に克明に記録した庭園としても知られる。

秀吉の縄張りに基づく作庭が慶長三年（一五九八）四～五月のおよそ四十日間。一方、義演による作庭は、翌慶長四年から元和十年（一六二四）までの二十六年の長きに及ぶ。その後、江戸時代における庭園の変遷を知る文献・絵画史料は、ほとんど知られていない。とはいえ、当初の護摩堂と灌頂堂《かんじょうどう》の改築に伴う庭園北東部の改変は不可避であったろうし、庭園東部は、茶室・枕流亭《ちんりゅうてい》の建設やその東の枯池の築造など、江戸時代後半に大きな改変を受けたものと見られる。また、庭園西部も唐門の移築に伴う改変があったことは明らかである。さらに、現在の護摩堂南の平庭は、近代の作庭といわれる。

以下、三宝院庭園の現状を概観した後、『日記』をもとに、若干の考察を加えつつ秀吉と義演による作庭を辿ってみよう。

一　三宝院庭園の現状

三宝院庭園（図Ⅵ―1）は、表書院をはじめとする三宝院建物群の南に位置する。東、南、西の三方を築地塀《ついぢべい》で囲われており、建物群前面から南築地塀までは四〇メートル前後、また東西の築地塀間は、およそ一〇〇メートルである。庭園の中心をなす池は、出入りの多い複雑な形状を呈し、建物群の南では東西最大長約五五メートル、南北同二五メートルの大きさであるが、純浄観《じゅんじょうかん》の床下をくぐって宸殿《しんでん》東面まで、二～五メートルほどの幅で入江状に北に伸びる。護岸は、大ぶりの石を多用した石組が用いられている。(1)また、水深は東部でとくに深く、このような部分では護岸石組を支えるために小ぶりの石を積み上げて高さを稼ぐという手法を取っている。さらに、池には東部に一つ、西部には隣り合うように二つの島が配置されている。西部の二島は、東側の大きい方が「亀島」、西側の小さい方が「鶴島」と通称される。(2)池岸と島々を縦横に繋ぐ橋は、木橋一基、土橋三基、石橋五基を数える。池水は、東南隅の三段の滝、東北部の布落ちの滝、ならびに宸殿東面入江東岸の伝い落ちの滝の三箇所から注ぎ、西北の池尻から西方へ排水されている。

庭園全体の地形を見ると、池の東方が池周辺に比べておよそ二メートル高く、三つの滝はいずれもこの高低差を利用したものである。また、敷地南面の築地塀に沿うように、比高三メートル前後の築山《つきやま》が連続的に築かれ、池の西岸にも頂部に方形平坦面を持つ築山がある。前者の中央部北斜面と後者の北斜面には、それぞれ独立した集団石組が組まれている。池の南岸の平地には、名石・藤戸石[3]が据わる。その位置は、庭園敷地を東西にほぼ二等分する線上であり、また宸殿の真南にも当たる。

ところで、表書院と池の間には、白砂敷きの空間があり、表書院の南面中央の南階や西端南突出部の中門廊（泉殿）の存在と相俟って、寝殿造《しんでんづくり》庭園ふうの雰囲気を感じさせる。庭園植栽は多種多種であるが、特徴的なのは亀島・鶴島の五葉松[4]（姫小松）、池西北岸の蘇鉄である。池東岸には、茶室・枕流亭が建ち、その東には枯池が穿たれ、橋が架かる。護摩堂南の平庭には、苔が瓢箪形および円形に敷かれている。

二　豊臣秀吉による作庭

慶長二年の醍醐の花見で感興を催した秀吉は、翌慶長三年二月九日、さらに盛大な花見を執り行うべく下見に醍醐寺を訪れた。この日、「やり山」に御殿建造を命じるとともに、当時は金剛輪院と呼ばれていた三宝院の庭園を賞美している。もともと金剛輪院には、室町殿の作庭を手がけるなど将軍足利義教に重用された禅僧・任庵主《にんあんじゅ》の手になる池庭があったが[5]、天正三年（一五七五）、十八歳であった義演がこれを破却してしまったのである。このことを深く後悔した義演は、その後、池、築山、滝などを築いて庭を再興したことを自ら編纂した『醍醐寺新要録』に記している[6]。秀吉がこのとき見たのは、この義演再興の庭にほかならない。そして、秀吉は、自らの構想による作庭を試みる。その目指すところは、翌慶長四年に計画した後陽成天皇の行幸に呼応する座観式の庭園であった[7]。

二月二十日、秀吉は「やり山」に登った後、金剛輪院を訪れ、庭園の縄張りすなわち現地での地割設計を行うとともに、聚楽第《じゅらくだい》から「名石」すなわち藤戸石を移すように命じている。秀吉の縄張りは、池を掘りその中島に檜皮葺《ひわだぶき》の

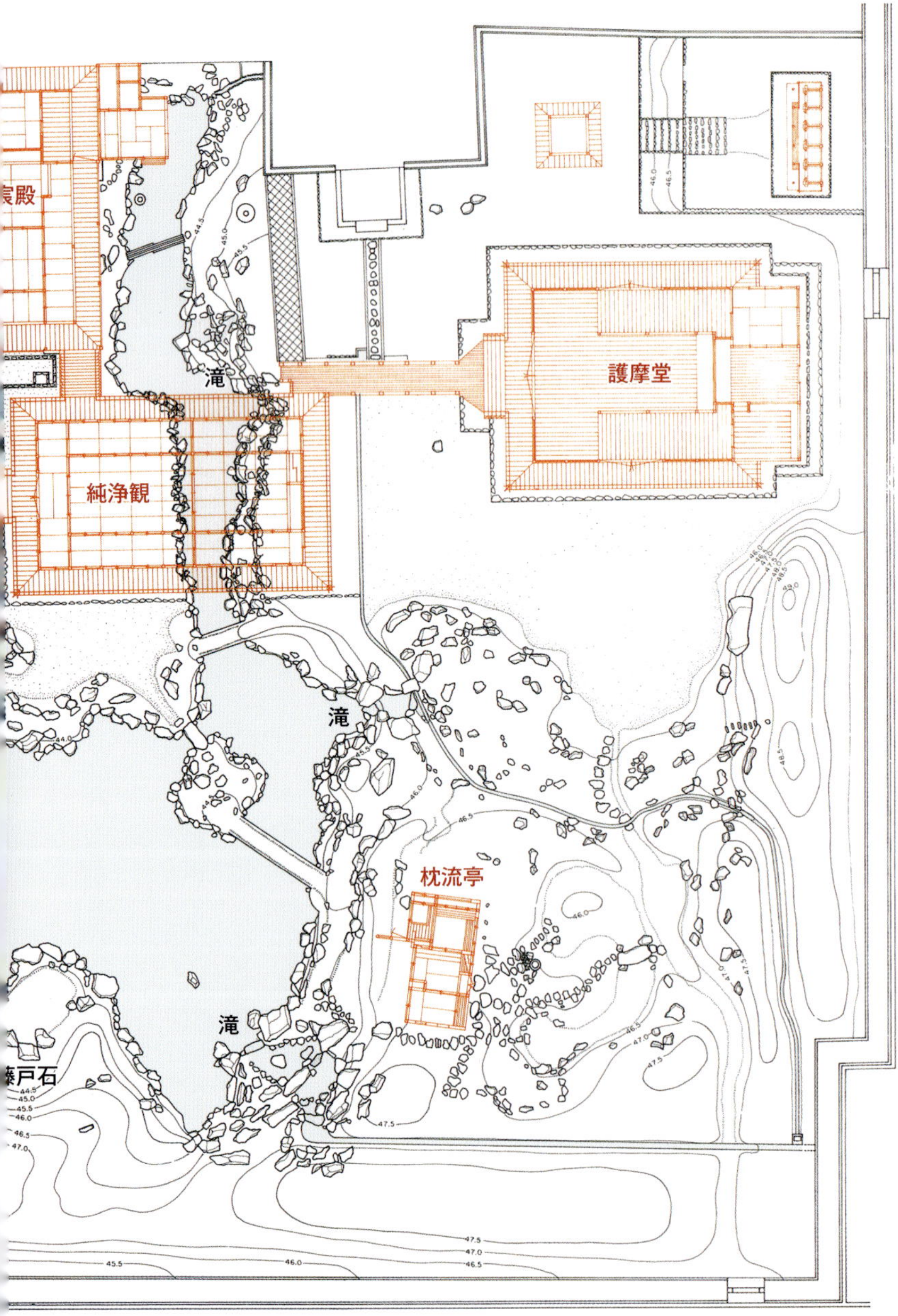
宸殿
護摩堂
滝
純浄観
滝
枕流亭
滝
藤戸石

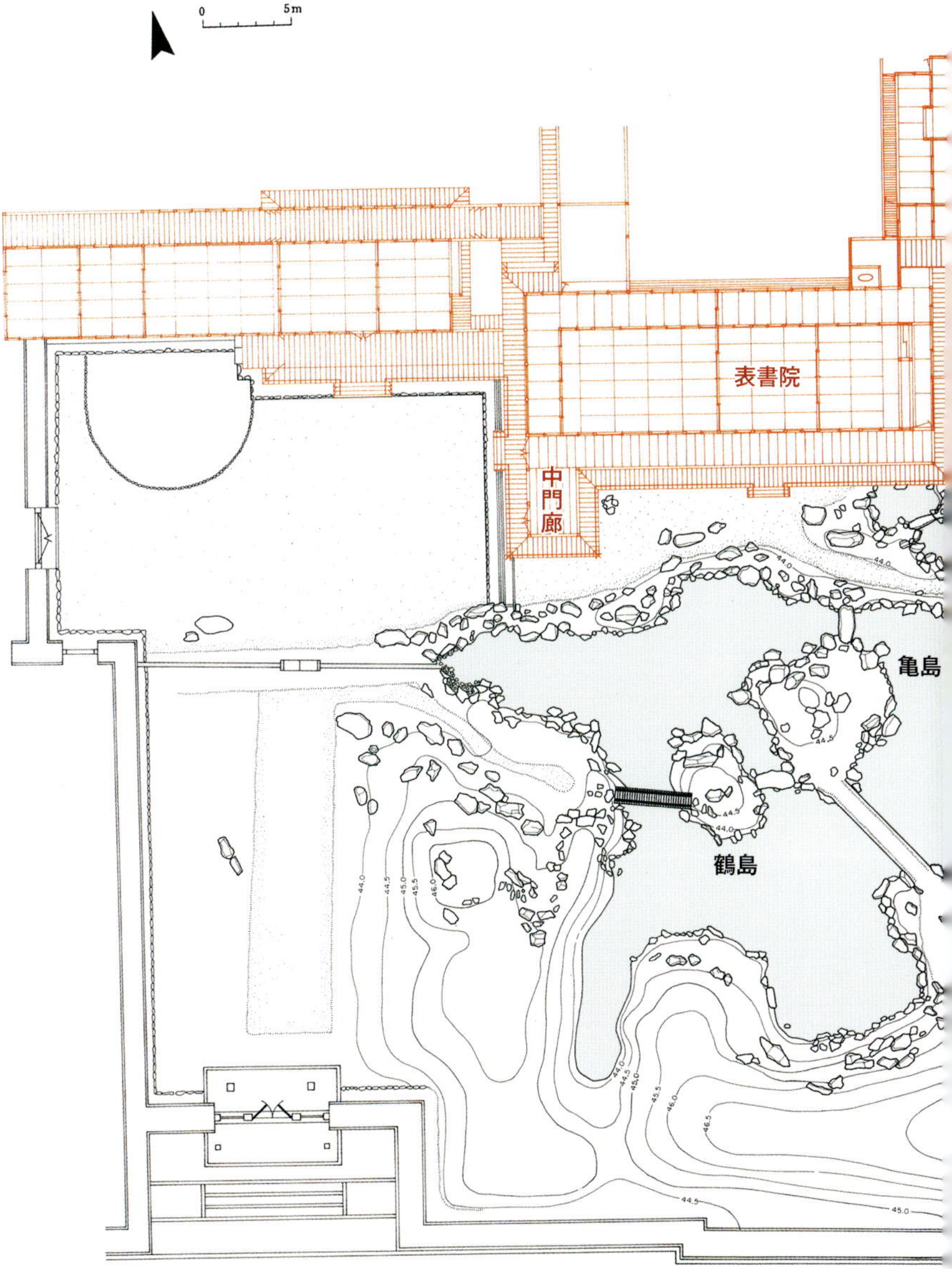

図Ⅵ-1　三宝院庭園実測図

護摩堂を建て、橋を架け、滝二筋を落とす、というものであった。実際の作庭は、三月十五日の花見が終わって二十日ばかり経った四月七日から始まる。四月七日は庭奉行・新庄越前守による縄張り。室町時代以来名石の誉れ高い藤戸石は、八日に聚楽第より賑々しく運び込まれ、(8)翌九日にこの庭の「主人石」として立てられる。すべてに先立ち藤戸石を立てる様は、平安時代の『作庭記』の「石をたてんにはまつおも石のかとあるをひとつ立おおせて、次々のしをばその石のこはんにしたかひて立へき也」の文言を思い起こさせる。藤戸石は、まさにこの庭を支配する石としての役割を持つと考えられたわけである。池、築山、滝、石橋、植栽と作庭は順調に進み、五月十三日に完了。十九日に元の池から鯉・鮒を移し、二十五日には池水が満ち満ちた様子が記されている。

秀吉による作庭でとくに注目しておきたいのは、建築に先だって庭園が築造されている点である。そして、現在の三宝院建築群の南に広がる主庭は、この庭園を基盤に義演が賢庭《けんてい》らを使って改修を加えたものがその骨格を形成しているのである。

三　義演准后による作庭

慶長三年八月の秀吉の没後、金剛輪院の再建は大幅な縮小を余儀なくされつつも、秀吉の妻・北政所と子・秀頼の援助により続行される。そして、翌慶長四年正月一日、義演は『日記』に「當門跡再興事」として寝殿・書院以下八棟の建物が慶長三年十二月にほぼ完成し、十二月二十一日に移徙したことを記した上で、殿舎と庭園の見事な調和を喜んでいる。慶長四年の作庭は、閏三月の常御所《つねのごしょ》南庭の作庭が中心であった。常御所は現在の庫裏の位置にあったと考えられる建物で、この作庭に当たったのが川原者の与四郎であった。川原者とは中世以来の被差別階級の呼称であるが、なかには作庭に従事し、優れた技量を発揮する者も少なくなかった。常御所南庭の作庭では、同月二十八日条に見える、富士山の形に築山を作り、白苔を雪に見せる造作が興味深い。現在の庫裏南庭にあたる常御所南庭は、いまはその姿を留めていない。

慶長七年には、庭にかなり改修の手が加えられる。まず、一月十九日には、灌頂堂の西に池が掘り入れられる。「灌頂堂」は現在の純浄観東部にあった南北棟建物と考えられ、このときの拡張部は、現・純浄観の中央部床下をくぐって現・宸殿の東に伸びる池ということになる(9)。この工事は十日余りで完了するが、併行して行われていた南の主庭の工事では、文明二年（一四七〇）に焼失した西大門北東の旧・灌頂院滝組の石が橋石として使われている(10)。二月六日には寝殿と護摩堂の間に池が作られる。現在の表書院と純浄観の間、宸殿のすぐ近くまで池が拡張されたのであろう。義演は、護摩堂の東、南、西の三方に池を廻らすことによって、秀吉が計画しつつ実現しなかった中島上の護摩堂の姿を具現しようとしたのかもしれない。二月十一日からは作庭のため賢庭が参上し、石橋の架橋や立石に従事している。賢庭は、以後元和九年（一六二三）まで、三宝院の作庭にたずさわることになる。後陽成上皇から「天下一ノ上手(11)」と賛辞を受け、その名を賜った名手であった。

再び作庭が活発に行われるのは、慶長十三年から十六年で、賢庭が中心的な役割を担う。慶長十三年九月二十二日、滝の上部に水量調節を兼ねた池を設けている。この滝の位置は不明であるが、現在の池東北部にある滝の可能性がある。九月二十七日には、蓬莱島が大きいとして縮小改修を行い、十月十一日には池東岸の椿の刈込みによる景色の変化を喜んでいる。なお、蓬莱島は、現在の亀島、鶴島を含んだ大きな島であったと思われる。慶長十五年には、十三年に縮小した蓬莱島を再度改修し、寝殿正面の築山を築く(12)。蓬莱島は、この改修によって二つに分割されたのではなかろうか。中門廊に座すと、その二島の間から、時を同じくして形を整えた池南方の東西に伸びる築山の中心部を望むことができる。[13]義演はこの年の改修によってなった庭園を京洛随一と自負しながらも、なお滝の位置を東南へ移すことや庭石の補充についての望みを記しており、作庭に対する並々ならぬ意欲がうかがえる。[14]

念願の東南隅の滝がかなえられたのは、慶長二十年のことであった。八月二十五日、滝の築造を開始、九月七日にひとまず仕事を終える。この滝は賢庭苦心の作であったにもかかわらず、義演の意に添わず、再三の手直しの末、ようやく完成したのは十月十二日である。その日、滝と南の築地の間に常緑樹を植えて深山の趣を加え、十六日には「瀧山」、すなわち滝の背後の築山を三、四尺高くするとともに立石もあわせて行なっている。これが、現在三宝院庭園の大きな見せ場となっている三段の滝である。この年の九～十一月には、滝の築造と併行して、立石、池底粘土など各種の作庭が行われているが、前述の「瀧山」のほか、当時の庭の地形を表す言葉も散見する。「桐門の見付西向の山」[15]「東森」[16]「東山」[17]などで、順に、池西岸の築山、池東岸の植栽地、その東の築山を指すものと考えられる。植栽としては、松、柳などのほか、棕櫚《しゅろ》、檜、栂、樅、朴などの名が見える。

元和二年十一月七日、常御所と台所の間に池を穿ち、花壇を設けている。建物に囲まれた小庭であり、池は湿気抜きを兼ねた枯池かもしれない。元和三年一月二十五日には、南庭西小池の北に築山を築き、蘇鉄を植えている。西小池は、当時の唐門の北方に大池とは独立した形であった池と見られ、現在は姿を留めていない。蘇鉄は、異国情緒を漂わす樹形で桃山時代から江戸時代初期にかけてとくに流行した庭木で、座観式の大庭園である二条城二の丸庭園や本願寺大書院庭園などにも見られる。

元和九年から十年にかけては、大規模な庭の改修が行われている。賢庭による多数の立石、[18]寝殿東南隅での池の新設、[19]また書院東庭の改修など[20]がこのなかで行われているが、なかでも注目すべきは南庭における橋の整備である。元和九年三月二十七日、「南橋」。二十八日に「西小池石橋」。三月二十九日、「東石橋」の架け直し。五月十一日、「南方ノ石橋」。二十八〜二十九日、「木反橋《そりばし》」。六月二日、「瀧前板橋」。三日、「西板橋」。元和十年二月九日、「芝橋」。十八日、「松嶋芝橋」。十九日、「中瀧前橋」と「西の水道石橋」。五月十二日、「（松嶋）西ノ方石橋」。いくつかの橋については、位置が推定できる。「木反橋」は、現在の東の島から池東岸に架かる木橋。「西板橋」は現在の鶴島から池西岸に架かる木橋。「芝橋」は、純浄観前の土橋。「（松嶋）西ノ方石橋」は現在の鶴島と亀島を繋ぐ石橋。木橋や土橋は、現在までいくどかの改修を受けつつも、その位置は踏襲されていると見てよいだろう。元和十年二月十一日、義演は池で初めて舟遊をしている。多数の橋の築造は、寝殿、書院、護摩堂などからの座観のみに対応するものとしてあった庭園を、舟遊あるいは庭中の散策も楽しむ庭へとその機能を重層化することが目的であったと考えられるのである。

一般に、舟遊・庭中散策といった機能に庭内の茶室や亭をめぐるという側面を加えて成立するのが、江戸時代の代表的庭園様式の回遊式庭園である。ちなみに、回遊式庭園の嚆矢ともいうべき桂山荘《かつらさんそう》（現・桂離宮）の第一期作庭は元和六年から寛永二年（一六二五）にかけてのことであり、(21)元和九年から十年にかけての三宝院庭園の改修がこれと時期を同じくする点にも留意しておきたい。三宝院庭園において、池西岸の築山上の方形平坦面に建っていたと推測される亭や、江戸時代後期築造と見られる池東岸の茶室・枕流亭は、回遊式庭園に不可欠の要素として付加されたものなのである。枕流亭は、義演時代の庭景を大きく変化せしめたものとして、あるいは大滝周辺の深山の趣を毀損した建物として、庭園史および庭園意匠の観点からは否定的な評価を受けることが多い。(22)しかし、回遊式庭園における茶室として枕流亭を見るとき、東の枯池側から建物に入り屋内から広々とした池と北岸の建物群を一望の下におさめるという視覚的演出は注目に値する。本来は回遊式庭園でなかったがゆえ視点の移動に伴う劇的な景観の変化に乏しかったこの庭園に、枕流亭が新たな価値を加えたという見方も可能なわけである。

庭園は自然的および人為的に常に変化するものであり、三宝院庭園も、義演による作庭以降、幾多の変化を経て現在に至っている。そして、この庭園の場合、座観式に加えて回遊式庭園としての機能的要請が人為的変化の大きな要因であり、その重層する機能を付与したのが、ほかならぬ義演自身であった。この意味においても、三宝院庭園は、まさに義演の庭園なのである。

註

（1）尼崎博正が行なった庭石調査によれば、三宝院庭園に用いられている庭石の六二・二%をチャートが占める。当時珍重された結晶片岩は四・二%ではあるものの、五十四個と実数は少なくない（尼崎博正『古庭園の材料と施工技術に関する研究』一九八五年）。吉永義信は、『日記』の記載から、庭石の多くは、三宝院領または醍醐寺領であった西笠取、勧修寺、醍醐、炭山、日野など近隣の村の山中で採取したものと推定する（吉永義信「醍醐三宝院庭園」（文部省『名勝調査報告』第三輯）一九三七年）。

（2）宸殿東の池の橋、枕流亭東の枯池の橋は除く。

（3）地上高一・八メートル、幅一・一メートル、奥行（地際）一・〇メートル。尼崎博正の調査によれば、石質は変輝緑岩で、産出の伝承地である備前藤戸（現在の岡山県倉敷市藤戸）では当該石質の岩石の産出は見られない（前掲註（1）尼崎論文）。

（4）亀島の五葉松は樹高二・三メートル、幹周一・三メートル（地上七〇センチ）、鶴島のものは樹高二・四メートル、幹周〇・八メートル（地上二五センチ）。亀島のものは空洞化が進むが、その大きさから考えて義演作庭時のものの可能性が大きい。

（5）『満濟准后日記』永享二年（一四三〇）三月四日条「任庵主今日召給之、新造庭沙汰之」、同年三月六日条「自右京大夫方普請人数二三百人召給之了、自阿彌陀院大石三引之、安富筑後守、同越前等奉行、三百餘人云々」。

（6）『醍醐寺新要録』金剛輪院篇　一、庭事「去天正三年六月□日于時予十八歳下山、當院再興、小堂一宇先建立、其時崩築山埋泉水、是或人之異見也、後悔千萬、其後崛池築山、疊石落瀧、誠在其興」。

（7）『日記』慶長三年三月十一日条「行幸来年アルヘキ由仰、仍寝殿其作ニ可致之由、奉行へ被仰出了」。

（8）『日記』慶長三年四月八日条に「金剛輪院池、大石□才引入之、三百人計来、庭者仙来、」とある。これは、永禄十二年三月三日、織田信長が細川右馬頭邸から足利義昭・二条新第に三・四千人の行列を以って藤戸石を運び込んだ様子（『言継卿記』同日条）を思い起こさせる。
（9）『日記』元和十年二月六日条に「書院東泉水中島取去之、」とある。書院は現・宸殿の位置に想定されるので、この池は「書院東泉水」とも呼ばれていたことがわかる。
（10）『日記』慶長七年一月二十七日条には「海石ノ橋石一、南ノ大泉水へ小庭ヨリ引出之、是石ハ灌頂院瀧組ノ石也、（中略）、彼院退轉、松原ノ躰也」とあり、旧・灌頂院がそのときすでに松原であったことが記されている。現在も鬱蒼とした林のまま残るこの地に園池と滝の跡が確認できる。
（11）『日記』慶長二十年九月三日条「院御所勅定ニテ賢庭ト云天下一ノ上手也」。
（12）『日記』慶長十五年十一月十三日条「泉水蓬莱嶋作リ直ス、庭者賢庭召宿了」、同年十一月十六日「蓬莱島並寝殿正面築山今度新敷仰付、漸出来了」。
（13）この視点については、造園家・野村勘治の教示を得た。その部分の築山中腹には集団石組があり、頂部には江戸時代後期築造の豊国稲荷社が建つ。
（14）『日記』慶長十五年十一月十八日条「泉水悉周備、恐ハ王城ニモ無比類由風聞、賢庭ニ禄被下之、瀧ノ在所ワルシ、辰巳角ヱ引直度心中也、是ハ大儀也、大石モ十ハカリ取寄度念願耳」。
（15）『日記』慶長二十年十月十日条「桐門ノ見付西向ノ山ニ立石出来」。
（16）『日記』慶長二十年九月十二日条「東ノ森古木其ノ根ニ石立副テ庭ニ可作用意耳」、同年十月十日条「東森ノ立石少々立了」、同年十月十九日条「東森ノ古木顯出テ消肝」。「東森」は、元和三年四月一日条に「泉水ノ東森岸土取去」とあることから、池に接する位置が推定できる。
（17）『日記』慶長二十年十月十八日条「東山檜コミ堀去リ東ノ大松大楓ヲ見ル様ニス」、同年十月十九日条「東山ハ檜植満テ梢伐テ惣コミニ即時成了」。
（18）『日記』元和九年三月二十五日条「庭作賢庭始来、石立初」、同年三月二十六日条「石同立」。
（19）『日記』元和九年四月十八日条「寝殿辰巳角池堀以疊石」。

(20)『日記』元和十年二月六日条「書院東泉水中嶋取去之、只石二立之」。

(21)『鹿苑日録』寛永元年六月十八日条に「赴桂八条親王別墅、庭中築山鑿池、池中有船、有橋、有亭、亭上見四面山、天下絶景也、及暮歸矣」とあり、この時期の桂山荘の景観がうかがえる。

(22)吉永義信は「寝殿庭園の地割と風致とを　最も破壊せるは茶室・枕流亭の建築である。枕流亭を建築せるため、又枕流亭の庭園を作れるため、寝殿庭園の東部における地割を変更しなければならなくなったのである。（中略）現在の造園技術よりみても枕流亭が如何にこの庭園の芸術的価値を傷けるものなるかは容易に判別しうるのである」と指摘している。（吉永義信「醍醐三宝院庭園」（文部省『名勝調査報告』第三輯）一九三七年）。

第七章

『江戸図屏風』に描かれた寛永期の江戸の庭園

はじめに

江戸時代の江戸の景観を描いて屏風仕立てとした作品は少なくない。そうしたなかで国立歴史民俗博物館（以下、「歴博」と略称）が所蔵する『江戸図屏風』（以下、「屏風」という）は、昭和四十年（一九六五）にその存在が確認され、昭和五十六年に設立間もない歴博の所蔵に帰することとなった。歴博のウェブサイトでは、「江戸時代初期の江戸市街地および近郊の景観を画題として、そのなかに江戸幕府第三代将軍徳川家光の事蹟を描き込んだ、六曲一双の屏風。成立期江戸の景観を描いた数少ない史料のひとつであるが、絵画の製作年代にはいくつかの説がある」と説明され、画面寸法は片隻一六二・五×三六六・〇センチとある。(1) この説明にあるように、この屏風は都市・江戸の成立期の景観を精細に描いた稀有の絵画史料であり、美術史・建築史・服飾史・船舶史など関連する諸研究分野の視点から解釈され、その成果が蓄積されてきた。こうした研究のあり方について、黒田日出男は一定の評価を下しつつも、「それら（諸分野が蓄積してきた基礎的な研究成果）を相互に関連づけながら、絵画史料として分析・総合する方向に進んでこなかった」と批判する。(2)「絵画史料学」の観点でこの屏風を読み解いた黒田は、制作年代を「寛永十一年（一六三四）～十二年六月」、制作意図と用途を「寛永九年に「宿老並」となった松平伊豆守信綱が将軍・家光の御成りに備えて「家光の御代始め」を題材とする調度として制作させたもので、寛永十四年十月十六日の御成りにおいて信綱邸で飾られた」との考えを提示した。(3)黒田のこの試案については、各研究分野の研究者から必ずしも賛同の立場の表明があるわけではない一方、いまのところ明確な根拠の上に立って異を唱える論考もない。景観年代については、黒田に先行して研究を進めた内藤昌や水藤真も黒田と同様に寛永十年末～十一年初頭ないし前半と考えており、(4)本章でも景観年代についてはこの時期としたうえで、論を進めることとする。

本章が考察の対象とするのは、表題のとおり「庭園」である。屏風に描かれた庭園については、これまで黒田や白幡洋三郎、飛田範夫によって言及されたことがある。黒田は、園池や築山《つきやま》で構成される作り込まれた池泉庭園は大名等の下屋敷に造営されており、下屋敷が接遇の空間としての役割を担っていたことなどを指摘している。(5)また、白幡は加賀肥前守下屋敷を事例としてとりあげ、文献史料との対比も行いながら、屏風に描かれた図像が一定の写実性・客観性を持つものであると推定している。(6)一方、飛田は、隅田川沿いに造営された上級旗本の庭園に注目し、これらが隅田川の水を水門から直接取り入れる「潮入り」の構造を持っていたことを指摘している。(7)いずれも重要な指摘である。本章は、これらを踏まえつつ、より多くの観点で屏風に描かれた庭園を読み解き、そのことによって、徳川幕藩体制の基盤たる江戸城下町としての体裁が整った寛永期における江戸の庭園のありようを明らかにしようとするものである。

一　大名屋敷の池泉庭園

池泉庭園が描かれる大名屋敷は、水戸中納言下屋敷、加賀肥前守下屋敷、森美作守下屋敷の三邸。黒田が指摘するように、この時点においては押紙《おしがみ》にある(8)とおりいずれも下屋敷である。大名が復数の屋敷を持つことが通例になったのは明暦の大火（明暦三年、一六五七）後のこととはいえ、この時期においても下屋敷を持つ大名は相当数にのぼったはずであり(9)、池泉庭園が描かれた三邸という数は少ないといってよいだろう。黒田は、家光の御代始《みよはじめ》という屏風の性格から、家光が実際に訪れたことのある庭園が描かれているのではないかとの推論を示している(10)。水戸中納言下屋敷、加賀肥前守下屋敷に家光の御成《おなり》があったことは記録に残る一方、森美作守下屋敷については、臨時の訪問などがなかったとはいえないが、御成としての記録は残されていない(11)。いずれにせよ、この三邸だけに庭園が描かれている理由は定かではないものの、当時これらの庭園が名園として世評が高かったであろうことは想像に難くない。

以下、各庭園について、描かれた図像を中心に読み解いていこう。

1　水戸中納言下屋敷

水戸中納言は、徳川家康の十一男で水戸藩主の徳川頼房（一六〇三〜六一）である。文政十年（一八二八）に刊行された水戸藩の編年資料『水戸紀年』によれば、寛永六年（一六二九）閏二月一日、頼房は兄にあたる将軍・秀忠から七万六六八九歩の邸地を与えられて屋敷を造営、同年九月二十八日に竣功したとされる(12)。また、寛文元年（一七三六）に刊行された『後楽記事』によれば、頼房は徳大寺左兵衛に作庭を命じ、伊豆の「御石山」から奇岩大石をとりよせ、井の頭から水を引いたという。(13)この下屋敷は明暦の大火後に上屋敷となり、庭園部分はその後幾多の改修を経ながら、小石川後楽園として現在も良好な状態で残されている。以下、屏風の右隻第六扇の右上部に描かれ、「水戸中納言下屋鋪」の押紙があるこの邸宅の庭園（図Ⅶ―1）を仔細に見ていきたい。

まず、庭園の中心をなす池に関連する形態・意匠に注目してみよう。池に水を注ぐのは、画面の上部左側に描かれた落差のある滝である。滔々と落下する水の前には紅葉したカエデの枝が差し掛かる。滝壺の水分石《みずわけいし》の周辺で大きく広がった池の両端から出島が張り出し、そこに二組の橋脚で支えられた木造の反橋《そりはし》が架かる。橋の左手のたもとには立石を含む石組が見える。橋の右手の出島の付け根の入江では、高い位置から池に向かって石が立て並べられ、それに続く水面には岩島が据えられる。金雲で限られた池の右方からは砂州が延び、その先端付近には石組が組まれ、枝振りのよいマツが植わる。砂州の付け根の手前の池水面には数石からなる石組が見える。池畔の建物として注目されるのは、池の手前の二階建ての数寄屋楼閣である。寄棟《よせむね》の屋根を持つ二階は四面とも腰壁を回したうえ開口部には明かり障子をはめており、庭園の眺望を楽しむ施設であることがうかがえる。

意匠を凝らしたこの庭園については、『後楽記事』に「大猷公（徳川家光）色々御物数寄有て出来たる御園」とあり、(14)その築造にあたって家光の意向が働いたことが知られている。であればこそ、江戸の上水道である神田上水を池水として取り込むことが許されて十分な水が確保され、大きな園池の造営が可能となったのである。ところで、描かれた諸要素のなかで特に注目したいのは、池の中央の砂州である。現在の小石川後楽園の大泉水（池）には、もちろんこのような砂州は存在しないが（図Ⅶ―2）、徳川光圀による整備後の姿を描いたと見られる『水戸様小石川御屋敷御庭之図』（明治大学博物館所蔵）には砂州が描かれている（図Ⅶ―3）。中島からまっすぐに延び、マツが列植された姿は天橋立をモデルにしたものとも考えられ、初期の後楽園の要をなす庭景の一つであったに違いない。頼房による

図Ⅶ-１　水戸中納言下屋敷（『江戸図屛風』）

図Ⅶ-２　小石川後楽園現況

図Ⅶ-3　『水戸様小石川御屋敷御庭之図』

当初の作庭時からのものであり、光圀による整備後も姿をとどめたこの砂州は、何時その姿を消したのか。それを示す記録は確認されていないが、元禄十六年（一七〇三）十一月に江戸を襲った元禄大地震（推定マグニチュード八・一）によって崩壊した可能性を指摘しておきたい。いま一つ触れておきたいのは、砂州の先端の見事な形に仕立てられたマツである。屏風の景観年代が寛永十〜十一年とすれば、頼房が邸地を賜り造園を開始してから数年を経ただけであり、このような姿に仕立てることが可能だったのかという疑問も生じる。もちろん屏風に描かれたマツは庭園としての記号であり、実景ではないとも考えられるが、必ずしもそうとはいい切れない。京都では、すでに室町時代に名木級の庭木の移植が足利義政の命令でしばしば行われていたことが記録に残り、安土桃山時代になると豊臣秀吉の縄張りで知られる醍醐寺三宝院の庭園でもウメの名木などの移植が行われている[15]。この時代の江戸においても、すでに庭木を移植し、剪定整枝で樹形を作る技術が定着していたと見るのが妥当であろう。

なお、後楽園への家光の御成は、記録の残るものだけでも、寛永十一年三月二十八日[16]をはじめとして数度にわたる。

2　加賀肥前守下屋敷

加賀肥前守は加賀藩第二代藩主の前田利常（一五九四〜一六五八）である。利常が幕府から本郷台地に邸地を賜った時期は正確にはわからないが、『越登賀三州志来因概覧』では元和二〜三年（一六一六〜一七）頃とする[17]。寛永三年（一六二六）前後には徳川三代将軍家光御成の内命を受け、殿舎の建築と庭園の築造に着手[18]。三年の歳月をかけて念入りに仕上げ、寛永六年四月二六日の御成を迎えた[19]。高台に立地しながらも窪地に湧水があったことから[20]、これを利用して池を設け、回遊式庭園が築造されたのである。加賀藩下屋敷は天和三年（一六八三）以降には上屋敷となるが、明治維新後に文部省の用地となり、その後、東京大学本郷キャンパスの敷地となる。大学の敷地として開発されるなか、園池部分は埋め立てられずに残され、(21)夏目漱石の小説『三四郎』にちなんで現在は「三四郎池」と呼ばれている（図Ⅶ―4）。以下、屏風の右隻第五扇の中央部右寄り上部に描かれ、「加賀肥前守下屋鋪」の押紙があるこの邸宅の庭園（図Ⅶ―5）を少し詳しく見ていきたい。

まず、池の形態とその周辺の地形。汀線《ていせん》が複雑に出入りする池の一帯を見ると、斜面が周囲に立ち上がる地形の様相が描かれており、池が敷地の地盤から一段下がったところにあったことが読み取れる。池に水を注ぐのは段をなして水が落ちる滝（画面右上）で、滝の周辺は多数の石が組まれて築山を形成し、滝壺には水分石が見える。滝から池を隔てた対岸（画面中央やや右上）で出島をなすのは、見ようによっては竜の頭部にも見える、文字どおりの怪石である。池には中島と岩島が配され、手前の広く平坦な出島の岸辺は、緩い勾配で立ち上がる州浜《すはま》の作りである。また、画面中央やや左下の池の狭まった箇所には一枚ものの切石橋が架かる。植栽では、州浜護岸の出島の手入れされたマツなどとともに、画面左下の五弁の白い花をつけた広葉樹が目を引く。樹種の特定は難しいが、花の大きさが強調されているものの、寛永期に流行したツバキの一品種とも見える。池に関連する建物としては、切石橋のすぐ左脇の池に乗り出すように建てられた茅葺の四阿《あずまや》（池亭）と出島の手前の二階建ての数寄屋楼閣がある。楼閣の二階は寄棟桧《ひ》皮葺《わだぶき》の屋根を持ち、庭園側のみ開口していることから、明確に庭園の眺望を楽しむための建物であることがわかる。

地形を活かした立体的な造形、際立つ怪石、色彩豊かな石を用いて随所に組まれた石組、池に乗りだす池亭《ちてい》など、この庭園は水戸中納言下屋敷にも劣らず凝った意匠を見せる。家光の御成に備え、前田利常が家光に対する接待の場として万全の設えを企図したためであろう。御三家の一つで将軍家と親密な関係にあった水戸徳川家と違い、外様の大藩であった加賀前田家にとっては、御成の舞台としての庭園はひときわ目を驚かすものであることが求められたのであろう。画面では滝から滔々と水が流れ落ちる様が表現されるが、これが実景であるとすれば、その水源はどこで

図Ⅶ-4　東京大学三四郎池現況

図Ⅶ-5　加賀肥前守下屋敷（『江戸図屏風』）

図Ⅶ-6　森内記下屋敷（『寛永江戸全図』）

あったのか。池底に推定される湧水を用いることはできなかったはずなので、あらゆる手段を尽くして水源を確保し水路などで水を引いてきたと考えるほかない。

なお、寛永六年に続き寛永十七年にも加賀藩下屋敷への家光の御成があったが、この時も御成に備えて庭園の大改修が行われている(22)。

3　森美作守下屋敷

森美作守は初代津山藩主の森忠政（一五七〇～一六三四）である。寛永十九～二十年頃の状況を記載したと考えられる『寛永江戸全図』(23)を見ると、「森内記」すなわち忠政の跡を継いだ長継の下屋敷として、海沿いの方形の敷地が示されている（図Ⅶ―6）。この敷地は現在のＪＲ浜松町駅北西方に当たり、増上寺から見ると東方になる。屏風に描かれた「森美作守下屋敷」が海に臨む立地でないことは明白で、また、増上寺の左手すなわちおおむね南方に描かれていることから、『寛永江戸全図』に示された「森内記」邸とは異なる屋敷と見られる。ただし、その場所は定かでない。ここでは場所の

図Ⅶ-７　森美作守下屋敷（『江戸図屏風』）

詮索には深入りせず、左隻第五扇中央部左寄りに「森美作守下屋敷」の押紙のある邸宅の庭園を見てみよう（図Ⅶ—7）。

　庭園は、池と築山で構成される池泉庭園である。池は画面手前の建物群側からの出島と対岸からの出島でくびれた位置に切石の反橋を架け、橋のたもとや護岸の要所に立石を中心とした石組を配している。池の護岸は画面左上の部分で水辺に草を植えた草付きふうの表現がなされているが、建物群側の出島や画面右手の出島などは州浜である。この庭で特筆すべきは、池よりもむしろ築山であろう。画面右上に描かれた築山は高さがあり、しかもその山腹は急傾斜である。築山に植えられているのは、まっすぐ伸びる幹の形状からするとスギやマキといった針葉樹のように見える。池泉庭園の造営にあたっては、池を掘った土を盛って築山とするのが一般的である。

敷地内での掘削土と盛土の収支をなるだけ零に近づけるのが合理的だからである。だとすれば、このような高い築山に対応する池は容積が大きいことになる。描かれた池はそれほど広さを感じさせるものではないことを考えると、深さがあるということになる。池には滝が見られない。池の水源として湧水を求め、池を深く掘った可能性も考えられよう。また、植栽では、築山側の出島で枝振りよく仕立てられたマツ、築山の裾と画面左の池岸の満開のツツジが目を引く。庭園内の建物としては、縁を設けた茅葺の四阿が池に向かって建てられているだけで、ほかの二つの大名庭園や後述する旗本屋敷の庭園に設えられたような二階建ての数寄屋楼閣は見られない。

御三家の一つである水戸徳川家や外様とはいえ全大名の中で最大の石高を誇る大藩の加賀前田家と違い、国持ち大名ではあるものの十八万石ほどの外様大名にすぎない森家の下屋敷の庭園が描かれたのはなぜか。秀忠や家光の御成の記録も残っていない。当時、この庭園が世評に高かったとすれば、高い築山と池の組み合わせによるものであろうか。あるいは屏風の発注者（黒田説によれば松平伊豆守信綱）がこの庭園を熟知していたことによるのかもしれない。いずれにせよ、これらも想像の域を出るものではない。

二　上級旗本屋敷の池泉庭園

大名屋敷の池泉庭園が三邸で描かれているだけであるのに対し、大身《たいしん》とはいえ旗本の屋敷の庭園が二邸で描かれているのは、注目に値する。このうち、船手奉行であった向井将監《しょうげん》は屏風の主題の一つともいえる「向井将監武者舟懸御目候所《おめにかけそうろうところ》」（左隻第五扇下部）に関わる人物であり、その屋敷が描かれ、「向井将監」の押紙が付けられるのは理解しやすい。一方で、押紙はないものの、ほかの地図資料から米津内蔵助《よねきつくらのすけ》（田盛）の下屋敷と確認できる邸宅で庭園が描かれているのは、あるいはその庭園が特色のあるものとして知られていたからかもしれない。

以下、二邸の庭園について、描かれた図像を読み解いていこう。なお、先述したように、この二邸の庭園については、飛田が「初期の潮入り庭園」としての位置づけを行なっている。

1 船手奉行向井将監下屋敷

押紙にある「向井将監」は、船手奉行を勤めた大身の旗本・向井忠勝（一五八二～一六四一）である。秀忠と家光の信任厚かった忠勝は造船の名手としても知られており、家光の御座船である安宅丸《あたけまる》（寛永九年着工、同十一年完成）の建造を指揮した。江戸の八丁堀霊厳島に拝領した邸地は船手奉行という役職にふさわしく隅田川に面しており、屋敷前への船の接岸が可能な場所であった。なお、現在は、その跡地は完全に市街化されており、往時の面影を残すのは隅田川とそこに注ぐ亀島川（日本橋川の分流）の水面のみである。それでは、左隻第三扇右下隅に描かれた邸宅の庭園を見ていくことにしよう（図Ⅶ—8）。

まず目を引くのは、敷地のほぼ中央に位置する二階建ての数寄屋楼閣である。二階は屋根が茅葺宝形《ほうぎょう》で、側面には明かり障子をめぐらせており、庭園や邸外の眺望を楽しむための建物であることはいうまでもない。この楼閣の左手が庭園となるが、中心となるのは、屋敷を貫通しているように見える水路である。この水路は隅田川に合流する直前の亀島川から取り込まれている。すなわち、東京湾につながる隅田川下流の水位の変動がそのまま反映されるものであったと考えられ、飛田が指摘するように「潮入り」の池となっていたわけである。数寄屋楼閣から見た水路（池）の対岸は、一部を石積み護岸とするものの、岸辺に立石も用いながら築山に連なる様相はまぎれもなく池泉庭園の景色である。また、水路の数寄屋楼閣側の岸に目を向けると、築山を設け、植栽を施し、さらに石組を配しており、数

図Ⅶ-8　向井将監下屋敷（『江戸図屏風』）

寄屋楼閣の一階から直接歩み入ることのできる造作となっている。なお、画面下から邸内に導かれる水路が見えるが、建物や植栽地に突き当たる配置からすると、これは邸内に小舟を乗り付けるための舟入《ふないり》であったと見られる。

この庭園を家光が何らかのかたちで実見する機会があったかどうかは、定かでない。しかし、船手奉行というきわめて特殊な職責を担った向井将監の屋敷にふさわしい立地と空間構成、そして「潮入り」の池は、世評に高かったと考えてしかるべきであろう。

2　米津内蔵助下屋敷

屏風に押紙はないが、この屋敷は『武州豊島郡江戸庄図』や『寛永江戸全図』で米津内蔵助下屋敷と確認できる。[24] 米津内蔵助は、米津田盛《たもり》（一六一六～八四）。初代江戸北町奉行をつとめた五千石の大身旗本・米津田政の嫡男で、父の死により寛永二年（一六二五）に家督を相続。寛文六年（一六六六）には、大阪定番を任ぜられて河内国で一万石を加増され、一万五千石の大名となった。この邸地が米津家のものとなった時期や経緯は明らかではないが、田盛の生年等を考えると田政の時代に拝領した可能性が大きい。なお、現在、その跡地は完全に市街化されており、往時の面影を残すのは隅田川とそこに注ぐ神田川の水面のみである。それでは、右隻第六扇下部中央付近に描かれた邸宅の庭園を見ていくことにしよう（図Ⅶ—9）。

屋敷は画面下の隅田川側に突出部を持つ変則的な平面形状を持つ。これは庭園に水を取り込むための設えと考えられ、屋敷には途中で二度直角に曲がる直線状の水路で水が導かれる。この水路が画面左側の建物群と右側の庭園を分け、両側は一枚ものの切石の反り橋でつながれるが、右側の庭園の中心をなす池の水源はこの水路と考えて間違いなかろう。左側の建物群のうち水路に最も近い場所に建つのが二階建ての数寄屋楼閣である。寄棟屋根を持つ二階は隅田川側と庭園側が開口しており、それらの眺望を楽しむ建物であったことを示している。園池

図Ⅶ-9　米津内蔵助下屋敷（『江戸図屏風』）

は、左手の水路側の一部が水路と同様の直線的な石積みであるのを除き、出島と入江の曲線が連続する複雑な平面を持つ。そのうち水路に架かる反橋を渡った先付近が最も幅が狭くなっており、そこに石橋を架ける。岸辺の三カ所に配された石組は、立石を中心として池に向かう形勢を見せ、石組先端の池中には岩島を置いてその勢いを示す。植栽では、石橋を迎える出島に植えられたマツが手の込んだ仕立てでひときわ目を引く。また、画面右手の石組に絡むように植わるのはカエデであろうか。画面右上で木立をなすのは、主にスギやヒノキといった針葉樹のように見える。

米津内蔵助下屋敷が庭園を含めて詳細に描きこまれたのは、旗本屋敷を代表する邸宅であることに加え、向井将監下屋敷と同様に「潮入り」という珍しい庭園を備えていたことがその理由であったとも考えられよう。

三 その他の注目すべき庭園

上述した三つの大名屋敷の池泉庭園、二つの旗本屋敷の池泉庭園のほかに、庭園の観点で注目すべき屋敷等を以下に取りあげておきたい。庭園自体は描かれていないものの庭園の存在が考えられる駿河大納言上屋敷と内藤左馬助下屋敷、そして将軍が花を楽しむために設けたと見られる御花畠である。

1 駿河大納言上屋敷

駿河大納言は、秀忠の実子、すなわち家光の実弟である徳川忠長（一六〇六〜三三）。その出自にふさわしく、寛永元年（一六二四）七月には駿河国と遠江国の一部（掛川藩領）を加増され、駿遠甲の計五十五万石を領有して家光に迫る権力を有した。寛永三年には権大納言に任ぜられている。ところが、寛永八年五月に不行跡を理由として家光から甲府への蟄居を命ぜられ、翌寛永九年の秀忠死後、改易となり領国全てを没収。寛永十年十二月六日、幕命により上州高崎の大進寺において自刃している。その後、寛永十一年二月にはこの忠長の上屋敷の建物は解体されて上野忍ヶ岡に移築されるなどするのである。すなわち、内藤と水藤が指摘するように、この屋敷が描かれていることが屏風の景観年代の下限を寛永十一年とする一つの有力な根拠なのである(25)。それはさておき、左隻第一扇上部右寄りに描かれ、「駿河大納言殿」の押紙のある邸宅を庭園の観点で見ていくことにしよう（図Ⅶ—10）。

屋敷の配置としては、画面下部に御成門と勅使門および殿舎群を描き、画面上部にはかなり鬱蒼とした木立が描かれる。庭園の観点では、御成門を入ったところの満開のサクラも興味深いが、注目したいのは広葉樹と針葉樹を取り混ぜたように見える木立のなかに描かれた茅葺建物である。この上屋敷内の木立はもちろん単なる樹林地ではなく、屋敷内に設えられた山里の景にほかならない。そして、「喜七（または春七）」の扁額を掲げた茅葺建物は「市中の山居」をイメージした茶室であり、木立のなかには茶室に至る露地ふうのあしらいがなされていたものと推測される。忠長の屋敷には、寛永二年二月を皮切りに、父の秀忠の御成が七回、兄の家光の御成が五回あったことが記録に残る(26)。武家の儀式として中世以来の伝統を持つ御成であるが、秀忠の御成でとりわけ重視され、御成規式のなかに大きく組み込まれたのが茶事である。そのような茶事の場として、茶室と露地は必須の施設であった。一般に下屋敷のように広大な面積を持つわけではない上屋敷では、大規模な池泉庭園を営むことは難しいが、露地と茶室を設けることは十分に可能である。茶事を重んじる秀忠の御成を多く迎えた忠長邸であってみれば、茶室と露地を備えるのは当然ともいえる。そして、屏風に描かれた茅葺の茶室こそ秀忠あるいは家光の御成の際に用いられたもの、と考えて差し支えないのではないだろうか。

図Ⅶ- 10　駿河大納言上屋敷（『江戸図屏風』）

図Ⅶ-11　内藤左馬助下屋敷（『江戸図屏風』）

2　内藤左馬助下屋敷

内藤左馬助は陸奥磐城藩主の内藤政長（一五六八～一六三四）。家光の覚えめでたかった譜代の大名である。左隻第三扇上部左寄りに描かれた屋敷を見ていこう（図Ⅶ―11）。

「内藤左馬助」の押紙のある屋敷は、江戸城外堀の一角をなした「溜池」の池尻に近い池畔に立地する。門を入ったところに展開する建物群のいちばん奥、池に面する位置に二階建ての数寄屋楼閣が描かれる。むくりの付いた寄棟屋根を持つ二階は、おそらく溜池側にも開口されているのであろうが、その反対側にあたる手前も明かり障子をはめた開口が見られ、溜池側だけでなく建物群左手の木立や敷地外の市街地も眺める対象とした造作であったことがわかる。この木立は、駿河大納言上屋敷のありようから考えると、山里ふうの露地の一角をなしていた可能性も小さくない。

この屋敷には、寛永三年（一六二六）五月、同六年六月十日、同八年六月一日の三度、徳川家光の御成があり、このうち後の二度の御成では、家光が溜池で水泳を行なったことが記録されている。(27)加賀藩下屋敷への御成に際し、藩主・前田利常が建物や庭園の造作に心を砕いたことに鑑みれば、徳川譜代の内藤政長とはいえ、いわば屋外でのレクリエーションに訪れる家光のために庭園もそれなりに整えたと考えるのが当然である。例えば、溜池を園池に見立てた池泉庭園風の意匠が施されていたことも考えられよう。ちなみに、溜池は、いまは地名を残すのみでその水面は完全に失われてしまっている。

3　御花畠

屏風で押紙に「御」の文字が使われるのは、将軍の事跡に直接関わる場所である。(28)したがって、「御花畠」とは、秀忠や家光が訪れて花を愛でた施設と考えてよい。左隻第一扇上部中央付近に描かれた御花畠は、屏風に描かれた題材のなかでも異色であるため、これまで園芸史の観点で取り上げられることがあったが、(29)庭園の観点であらためて見ていきたい（図Ⅶ―12）。

敷地を囲う漆喰塗の土塀は、屋根が通常の瓦葺ではなく桧皮葺で、この点でもここが通常の住宅ではないことがうかがえる。画面右手の穴門から入ると、直交する園路で四つに分かたれた植栽区画が敷地一面に広がる。絵画のこととて誇張表現という面も差し引く必要はあろうが、実際にもこれに近い敷地構成であったと考えてよいだろう。画面で右側の門に近い二つの区画は、草花の区画である。右下の区画にはユリ、ナデシコ、ススキが見え、右上の区画にはアジサイ、キク、ナデシコなどが見える。一方、画面の左手の二つの区画は草花の区画よりも面積が大きく取られており、両方とも複数のツバキが植えられている。下の区画では、花弁の色が白、赤、桃色の三本が横一直線上に植

図Ⅶ-12　御花畠（『江戸図屏風』）

わり、その右下に花弁が青色のもの、左上には赤いものが配される。また、上の区画では、花弁が褐色、桃色、赤色の三本が三角形をなすように植わりその左上には黄色い花をつけた木（ツバキ？）が植わる。二つのツバキ区画の林床には、スミレが見える。また、敷地の左上隅には田舎家風の茅葺の四阿が建つ。室内には床が張られ、しかも畳敷きと見えることから、この四阿は御花畠を鑑賞するための施設、すなわち、まさに秀忠や家光が訪れた際にはここに陣取った建物であったと考えてよいだろう。傍らに植わる高木はヤマモモであろうか。

将軍がいわば私的な時間を楽しむ庭園の一つである御花畠。そこでの主役がツバキであったことを示す屏風の図像は、園芸の愛好者でツバキにとりわけ深い愛着を持っていた秀忠がこの御花畠を設け、それを家光が受け継いだことを示しているように思われる。[30]なお、ユリ、キク、アジサイ、ツバキなど本来同時に咲くはずのない植物が同じ画面に描かれるのは、平安時代以来の日本の絵画の伝統に則った技法である。

四　寛永期の江戸の庭園の特色

屏風に描かれた大名屋敷や旗本屋敷の庭園を読み解いてきた。その内容についていま一度考察を加えながら取りまとめ、江戸城下町としての体裁が整った寛永期の江戸の庭園のありようについて屏風から得られた結論とし、併せて寛永期の江戸の庭園のおおよその歴史的位置づけについて触れておきたい。

広大な面積を持つ有力大名の下屋敷では、池を穿ち築山を置く見事な池泉庭園が造営された。その機能は、加賀肥前守下屋敷造営の経緯などからすると、当主の楽しみよりもむしろ将軍の御成などへの対応が第一義的に考えられたものと見てよいだろう。また、形態的には水をめぐる各種デザイン、すなわち滝や池、護岸の石組や州浜などが大きな見せ場であり、水源の確保がきわめて重要な課題であった。地下水脈上に立地し湧水を利用できる敷地では、加賀肥前守下屋敷のようにそれを利用している。そのような立地でなければ、池泉の水を上水道や小河川・都市水路などからの導水にたよることとなる。水戸中納言下屋敷は将軍家との親密な関係を基盤に上水道の利用を認められているが、これはむしろ例外的であり、池泉庭園造営にあたっては、各大名は水源の確保に大きな努力を払ったと考えられる。こうしたなか、隅田川や海に面する敷地の邸宅では、水門を設けて、隅田川や海から直接導水する「潮入り」の手法が導入された。屏風では、いずれも旗本である向井将監と米津内蔵助の隅田川畔の下屋敷で潮入り庭園が見られる。そのいずれが先行したのかは定かではないが、飛田が指摘するように、これらが潮入り庭園の先駆的事例であることは確かであろう。そして、これらの成功を受け、その後に小田原藩主・大久保家の楽寿園（現・旧芝離宮庭園）などの大名屋敷の庭園で採用されたものと考えられる。

庭園を眺める視点場としてその重要性を指摘しておきたいのは、二階建て数寄屋楼閣である。本論で取り上げたもののうち、水戸中納言下屋敷、加賀肥前守下屋敷、そして向井将監下屋敷と米津内蔵助下屋敷では、二階側面に広く開口部を取った数寄屋楼閣が庭園に接して描かれており、これらが庭園の景物として眺められる対象であるとともに、(31)庭園を眺める視点場として重要な役割をはたしていたことは疑いない。さかのぼれば南北朝時代の夢窓疎石《むそうそせき》による西芳寺瑠璃殿を原型として、足利義満の北山殿舎利殿（金閣）、義政の東山殿観音殿（銀閣）で庭園に導入され定着した楼閣建築は、寛永期の江戸の武家庭園では、数寄屋の要素を強く加味しながら、必須ともいってよい要素となっていたのである。溜池畔にあった内藤左馬助下屋敷は、屏風には庭園は見えないものの、数寄屋楼閣が描かれており、庭園の存在が暗示される。以上に挙げたもののほかに、屏風には数寄屋楼閣を八棟見ることができ、(32)これらの邸宅にはおおむね何らかの形式の庭園が設えられていたと見ることができるかもしれない。そもそも洛中洛外図に始まりこの屏風などに連なる都市図は俯瞰図であり、俯瞰景は景観を理解し享受するのに最も適した視点として評価されていたわけで、俯瞰景を楽しむ視点場として楼閣は強く求められる施設だったのであろう。ちなみに、当時の数寄屋楼閣の遺構としては、もと佐久間実勝（将監）邸にあったものと伝える建物が横浜の三溪園に移築され、「聴秋閣」として残っている（図Ⅶ—13）。

このほか、駿河大納言上屋敷からは室町時代後期の京都にさかのぼる「市中の山居」が、徳川将軍家の茶の愛好とも相まって、江戸の大名上屋敷にも導入されていたこと、また、御花畠の存在から将軍家がツバキをはじめとする園

図Ⅶ-13　三渓園聴秋閣現況

芸趣味の盛行に主導的役割を果たしていたことがうかがえ、江戸時代の初頭にあたる寛永期の江戸の庭園をめぐる状況の一面を示している。

慶長八年（一六〇三）の開府からおおよそ三十年、屏風の景観年代と考えられる寛永十～十一年頃の江戸。大名や旗本の下屋敷ではさまざまな手法により水源を確保しながら見事な池泉庭園が造営され、そうした池泉庭園を備えない上屋敷などでは市中にあって山居をイメージさせる、都市文化の極みともいうべき茶室と露地が設えられていた。そうした庭園では、庭園を維持管理する技術、例えば樹木を剪定整枝して仕立てる技術も確実に定着していた。さらに、花卉を中心とする園芸文化が、いわば江戸の主人たる将軍の先導のもと、文字どおり豊かに花開いていたのである。以上のように、この時点ですでに多様で多面的な様相を見せていた江戸の庭園であるが、最後に、そのおおよその歴史的位置づけを行なっておきたい。

まず、室町時代後期から京都でその萌芽を見、江戸時代初頭の桂山荘（桂離宮）において確立されたとされる回遊式の池泉庭園の様式がほぼ同時並行的に江戸の大名屋敷にも導入されていたことは、注目に値する。[33] その後、この様式の庭園が大名家による独自性も加えた大名庭園として江戸のみならず諸国の城下町にも多く造営され、各地の庭園文化や造園技術の普及・発展に大きな役割を果たしたことの意義もきわめて大きい。[34] また、室町時代後期に町衆の所産として京都で成立した「市中の山居」が、安土桃山時代に千利休によって大成された侘茶のなかで洗練され、江戸時代に入ると利休の弟子の古田織部が将軍秀忠の茶道師範となったことなどに伴ってそれが武家に浸透し、江戸の大名上屋敷の中にもこうした設えがなされたことは興味深い。さらに、将軍の先導により江戸時代初頭から盛行した花卉園芸文化が江戸時代を通じて庶民にも広がり、きわめて高度な発展を見せたこともまた、見逃してはならない点であろう。

本章は、共同研究員として参加した平成二十四～二十五年度の国際日本文化研究センター共同研究「日本庭園のあの世とこの世」で行なった発表をもとに取りまとめたものである。共同研究を主宰された白幡洋三郎教授（現・名誉教授）ならびに共同研究に参加されたメンバーには、研究会の場などで数々のご指摘をいただいた。また、本章作成にあたり、学習院女子大学の岩淵令治教授からは江戸時代史について各種のご教示いただいた。いずれも、記して感謝申し上げる。

註

（1）http://www.rekihaku.ac.jp/education_research/gallery/webgallery/edozu/index.html 二〇一五年六月二十四日アクセス。
（2）黒田日出男「補論・駿河大納言邸門前の猿曳」『王の身体王の肖像』筑摩書房、二〇〇九年、一五一～一六五ページ（初出は、同名書・同題で平凡社、一九九三年）。
（3）黒田日出男「将軍の御代と祭り」『王の身体王の肖像』筑摩書房、二〇〇九年、七三～一四二ページ（初出は、同名書・同題で平凡社、一九九三年）。
（4）内藤昌「第一一章・江戸図屛風の景観」『江戸の都市と建築（江戸図屛風別巻）』毎日新聞社、一九七二年、一三九～一五〇ページ。水藤真「『江戸図屛風』製作の周辺―その作者・製作年代・製作の意図などの模索―」『国立民族学博物館研究報告』第三十一集、一九九一年、一一七～四三ページ。前掲註（3）黒田論文に同じ。
（5）前掲註（2）黒田論文に同じ。
（6）白幡洋三郎『大名庭園』講談社、一九九七年、八七～九一ページ。
（7）飛田範夫『江戸の庭園』京都大学学術出版会、二〇〇九年、一四七～一五一ページ。
（8）屛風絵において、各部の名称などを示すために貼られる書き込み。水藤によれば、江戸図屛風では百一の押紙が見られ、その内訳は、船名二十三例、屋敷名十九例、情景の説明十二例、地名九例、橋名八例などである（水藤真「『江戸図屛風』製作の周辺」『国立歴史民俗博物館研究報告』第三一集、一九九一年、一一七～四三ページ）。
（9）「武州豊嶋郡江戸庄図」において、複数の屋敷（上屋敷と下屋敷等）を所持する大名は五十家、旗本は十五家である（近松鴻二「『武州豊嶋郡江戸庄図』の基礎研究」『東京都江戸東京博物館研究報告』第二号、一九九七年、一九九～二二三ページ）。ただし、同図は下屋敷の存在が想定される江戸の周縁部は描かれておらず、その数は上記をかなり上回るものと考えられる。
（10）前掲註（2）黒田論文に同じ。
（11）佐藤豊三「将軍家の「御成」について（七）」『金鯱叢書　第八集』財団法人徳川黎明会、一九八一年、五六五～六二六ページ。
（12）茨城県史編さん近世史第1部会編『茨城県史料近世政治編Ⅰ』一九七〇年、四四四ページ。
（13）「後楽園築造」『東京市史稿遊園篇第一』東京市役所編、一九二九年、一一八～一四九ページ。
（14）前掲註（13）論文に同じ。
（15）例えば『蔭凉軒日録』長享二年（一四八八）二月二十一日条「今日仙洞御庭之松東府江引之」、『義演准后日記』慶長三年（一五九八）五月九日条「成身院庭梅、門跡ノ泉水蓬莱嶋へ渡之了」など。

(16)『徳川実紀』「大猷院殿御実紀巻二十四」同日条、「直に水戸黄門頼房卿の邸にわたらせたまふ」。
(17)「本郷邸」日置謙編『加能郷土辞彙』金沢文化協会、一九四二年、七六二〜七六三ページ。
(18)前掲註(17)項目に同じ。
(19)『徳川実紀』「大猷院殿御実紀巻十三」同日条、「加賀中納言利常卿が上野の別墅にならせ給ふ」。
(20)成瀬晃司「庭園・池」『図説江戸考古学研究辞典』柏書房、二〇〇一年、一二七〜一二九ページ。
(21)明治十年(一八七七)〜二十一年に工部大学校及び帝国大学工科大学で建築学を講じ、本郷キャンパス整備計画にも携わった英国人建築家ジョサイア・コンドルが日本庭園に対して深い関心を持っていたことが園池保存の一因と考えられる。(中島譲・中井祐・内藤廣「東京大学本郷キャンパス育徳園の変遷とその要因」『景観・デザイン研究講演集№６』二〇一〇年、一一六〜一一九ページ)。
(22)森下徹「第三節・育徳園」『東京大学本郷御構内の遺跡　山上会館。御殿下記念館地点・第三分冊・考察編』東京大学埋蔵文化財調査室、一九九〇年、四八ページ。
(23)『寛永江戸全図』は二〇〇六年に大分県臼杵市で発見された詳密な江戸図で、旧稲葉家資料として臼杵市立臼杵図書館蔵。記載事項は、寛永十九年十一月から同二十年九月の時期と推定されている。之潮から二〇〇七年に高精細カラー印刷版が刊行された。
(24)『武州豊島郡江戸庄図』には「米津内蔵介下やしき」、『寛永江戸全図』には「米津内蔵助下屋敷」とある。
(25)前掲註(4)内藤論文・水藤論文に同じ。
(26)前掲註(11)佐藤論文に同じ。
(27)前掲註(11)佐藤論文に同じ。
(28)水藤真「『江戸図屏風』製作の周辺」『国立歴史民俗博物館研究報告・第三十一集』国立歴史民俗博物館、一九九一年、二七〜四三ページ。
(29)青木宏一郎『江戸の園芸—自然と行楽文化』筑摩書房、一九九八年、一八〜一九ページ。
(30)徳川秀忠の園芸好きを示す逸話として、『徳川実記』「台徳院御実記附録巻五」に、「花卉を殊に愛玩し給ひしゆへ、各国より種々の珍品ども奉りける内に、廣島しぼりといふ花弁に斑の入たる椿を、接木にして献りしものあり。」などの記述がある。
(31)数寄屋楼閣は、外観においても、例えば屋根を見ると、寄棟・宝形など、それぞれに趣向を凝らしていることがうかがえる。

（32）右隻第三扇に一棟、左隻第二扇に二棟、同第三扇に二棟、同第四扇に二棟、同第五扇に一棟。ほかに、左隻第四扇に道沿いの望楼、同第三扇に江戸城西の丸内の楼閣が見える。
（33）『鹿苑日録』寛永元年（一六二四）七月十八日条に「庭中築山鑿池、池中有船、有橋、有亭、亭上見四面山、天下之絶景也」とあり、回遊式の池泉庭園が整っていたことがわかる。
（34）大名庭園では弓場、馬場、鴨場などの武芸と関連する区画を設けることが多く、また大名にとって嗣子誕生が切実な問題であったことから子孫繁栄を願う陰陽石（男性器と女性器を象徴する庭石）を置くこともあった。

第八章 平安神宮神苑築造記録から読む小川治兵衛と近代京都造園事情

はじめに

明治二十八年（一八九五）十月二十二日から二十四日にかけて、京都市岡崎で平安遷都千百年紀念祭が催された。この祭典に際し、桓武天皇を祭神として創建されたのが平安神宮である。明治二十五年、京都市会で創建を可決。社殿は平安宮朝堂院の主要建物を長さで八分の五の規模に縮小して模したもので、設計は木子《きこ》清敬《きよよし》および伊東忠太。遷都千百年紀念祭協賛会（以下、「協賛会」という）の造営事業として同二十六年地鎮祭、同二十七年立柱式を経て、同二十八年二月に竣工した。平安神宮神苑[1]（以下、「神苑」という）も同様に協賛会の造営事業として築造されたもので、紀念祭の開催時には本殿の東西に蒼龍池を中心とする東神苑（現在の中神苑、以下この部分は現在の東神苑と区別するため「中神苑」という）と白虎池を中心とする西神苑がいちおうの完成を見、西歩廊の西側も松林として整備されていた。その後、明治三十年には蒼龍池と白虎池を結ぶ崩れ石積護岸の水路が作られ、明治四十年には中神苑に改修の手が加えられる。さらに、明治四十四年から大正五年（一九一五）にかけて、応天門南方にある慶流橋北側の境内地と

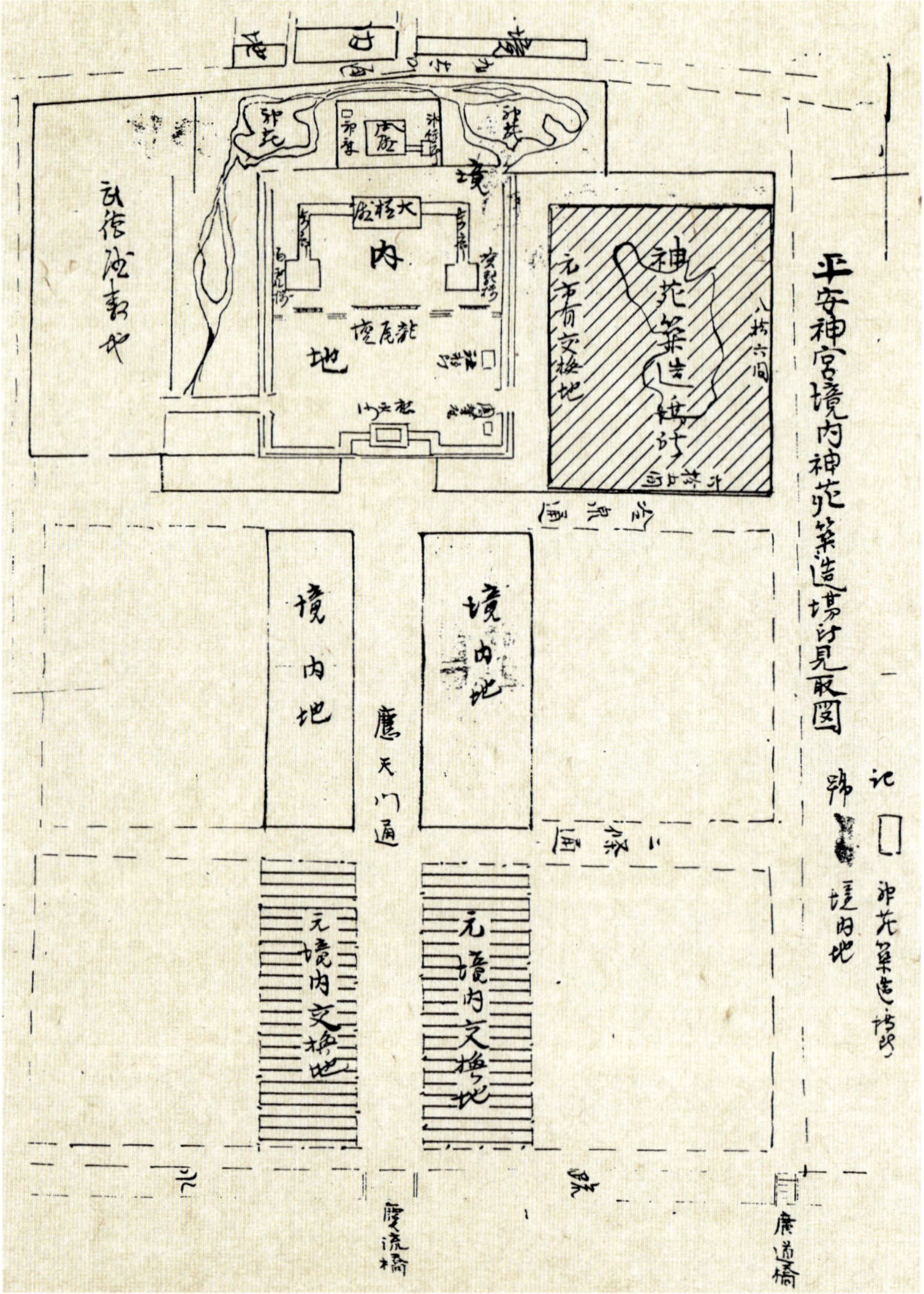

図Ⅷ-1　平安神宮境内神苑築造場所見取図（「平安神宮東側庭園築造設計書」より）
慶流橋北側東西の「元境内交換地」（▤）と交換で得た「元市有交換地」（▨）に東神苑が築造された。

交換して得た京都市美術館の跡地に東神苑が築造され（図Ⅷ―1）、おおむね現在見る神苑のかたちができあがる。

神苑の一連の作庭にかかわったのが、明治中期から昭和初期にかけて、傑出したデザイン感覚と経営力・組織力によって京都の造園界に一時代を画した植治《うえじ》こと小川治兵衛である。(2) 一般に庭園の築造に関する一次的な記録が残っていることは少ないが、これは小川治兵衛の場合についても例外ではない。数多く手掛け彼の名声を不動のものとした岡崎・南禅寺界隈の一連の別荘庭園群の造園についても、設計書、見積書あるいは設計図といった一次的な記録はいまのところほとんど発見されていない。

しかし、神苑の築造は、当初、遷都千百年紀念祭協賛会の事業としてなかば公共事業的に行われ、その後も平安神宮という組織の事業として行われたことから、『土木部・園芸書類』(3)『庭石運搬受付簿』をはじめとした記録がかなり残されている。本章では、こうした記録を中心に、明治二十九年に刊行された遷都千百年紀念祭の総括記録である『平安遷都千百年祭紀念協賛誌』(4)（若松雅太郎・平安遷都千百年祭紀念協賛会。以下、『協賛誌』という）や明治四十二年に刊行された京都の庭園案内書『京華林泉帖《けいかりんせんちょう》』（湯本文彦編、京都府）といった同時代資料に検討を加えることにより、神苑を切口とした小川治兵衛とこの時代の京都の造園事情をよみとることを試みたい。

一　見積書と設計図

『土木部・園芸書類』には、「園芸着手ノ件」として明治二十七年十一月二十一日付の次の文書が残っている。

園芸着手之件

園芸費千七百三円五十六銭別紙見積書ヲ以テ着手セントス。但、工事ハ小川治兵衛へ特命スルモノトス。(5)

西池庭園

種類	員数	高さ	目通	枝張	単価	計金	備考
松	30本	17尺	1尺5寸	9尺	2円	60円	
松	50本	12尺	8寸	6尺	50銭	25円	
松	100本						寄附
杉	20本	17尺	8寸	6尺	80銭	16円	
桧	20本	15尺	8寸	4尺	60銭	12円	
桜	25本						寄附
楓	20本	8尺	7寸	6尺	50銭	10円	但一葉寺 及谷間
楓	200本	3尺	3寸	2尺	7銭	14円	
山吹	100株				3銭	3円	
萩	100株				3銭	3円	
サツキ	50株	1尺2寸		1尺5寸	10銭	5円	赤
サツキ	50株	2尺		1尺5寸	15銭	7円50銭	平戸
石	2個						寄附
石	3個				10円	30円	東園に同じ
石	15個				80銭	12円	同上
石	10個				3円	30円	同上
栗石	1坪				3円	3円	但大栗石
砂	2坪				4円	8円	
芝	200坪				10銭	20円	鬼芝
杭	50本	5尺	末口3寸		9銭	4円50銭	桧
手間	400人				30銭	120円	一式
土方	500人				25銭	125円	一式
小計						508円	

表Ⅷ-1　東池庭園・西池庭園予算書

東池庭園

種類	員数	高さ	目通	枝張	単価	計金	備考
松	20本	15尺	1尺3寸	9尺	1円50銭	30円	図面に示す
松	100本	8尺	6寸	6尺	50銭	50円	
松	100本						寄附
杉	15本	12尺	8寸	3尺	40銭	6円	
桧	15本	12尺	8寸	3尺	40銭	6円	
桜	25本						寄附
楓	20本	8尺	7寸	6尺	50銭	10円	
楓	200本	3尺	3寸	2尺	7銭	14円	
山吹	100株				3銭	3円	
萩	100株				3銭	3円	
燕子花	100株				3銭	3円	
サツキ	50株	1尺2寸		1尺5寸	10銭	5円	赤
同	50株	2尺		1尺5寸	15銭	7円50銭	但平戸
芝	200坪				10銭	20円	鬼芝
小山石	3個	200メ以上 300メマデ	10才以上 15才マデ		5円	15円	
鞍馬石	1鯛	300メ以上 500メマデ	15才以上 25才マデ		15円	15円	
石	1鯛						寄附
小山石	15鯛	50メ以上 100メマデ	2才半以上 5才マデ		80銭	12円	
貴船石	10鯛	100メ以上 200メマデ	5才以上 10才マデ		3円	30円	
砂	2坪				4円	8円	白川
杭	50本	5尺	末口3寸		9銭	4円50銭	桧
手間	400人				30銭	120円	一式
土方	500人				25銭	125円	一式
小計						487円	

この文書に「園芸予算」として添付された内訳書は、「平安宮庭内」「龍尾壇上」「応天門内龍尾壇下」「応天門左右」「道路並木」「記念殿西外堤防」「東池庭園」「西池庭園」「東西両池間」「生垣」の十地区に分けて、それぞれの地区に用いる植木・石・芝や手間などの形状・寸法・単価・金額などを記載したものであるが、これは小川治兵衛が提出している「平安宮敷地内園芸直積書」と全く同じ内容である。(6)なお、この内訳書は西神苑と中神苑の設計図とも関連するので、「西池庭園」「東池庭園」の内訳を表Ⅷ―1に示しておく。

また、この文書には「平安神宮紀念殿周囲庭園工事図面」として「西池」（西神苑）「東池」（中神苑）の設計図がそれぞれ平面図と鳥瞰図のかたちで添付されている（図Ⅷ―2〜5）。これらの図は「直積書」の内容と直結しているものであり、小川治兵衛が提出したものと考えて間違いない。西神苑、中神苑の明治二十八年完成直後の図面としては『協賛誌』に添付された「平安神宮及第四回内国勧業博覧会之図」（図Ⅷ―6）があるが、これとの比較もまじえて当初の造成計画を検討してみると以下の点に気づく。まず西神苑では、

①西部に出島の計画はなく、出島は施工過程の設計変更で設けられたものであること、

②東北部の滝は当初からの計画であること、

③北部を中心に築山を多く設けていること

などであり、中神苑では、

①後年、岸と切離されて島となる東南部の出島は、当初から計画されて施工されていること、

②西神苑に比べて起伏の少ない造成であること、

などである。また、両神苑をあわせて、池に中島が全く設けられていないことが特徴的である。

次に、内訳書と設計図から当初の植栽計画の特徴を挙げると、以下のようになる。

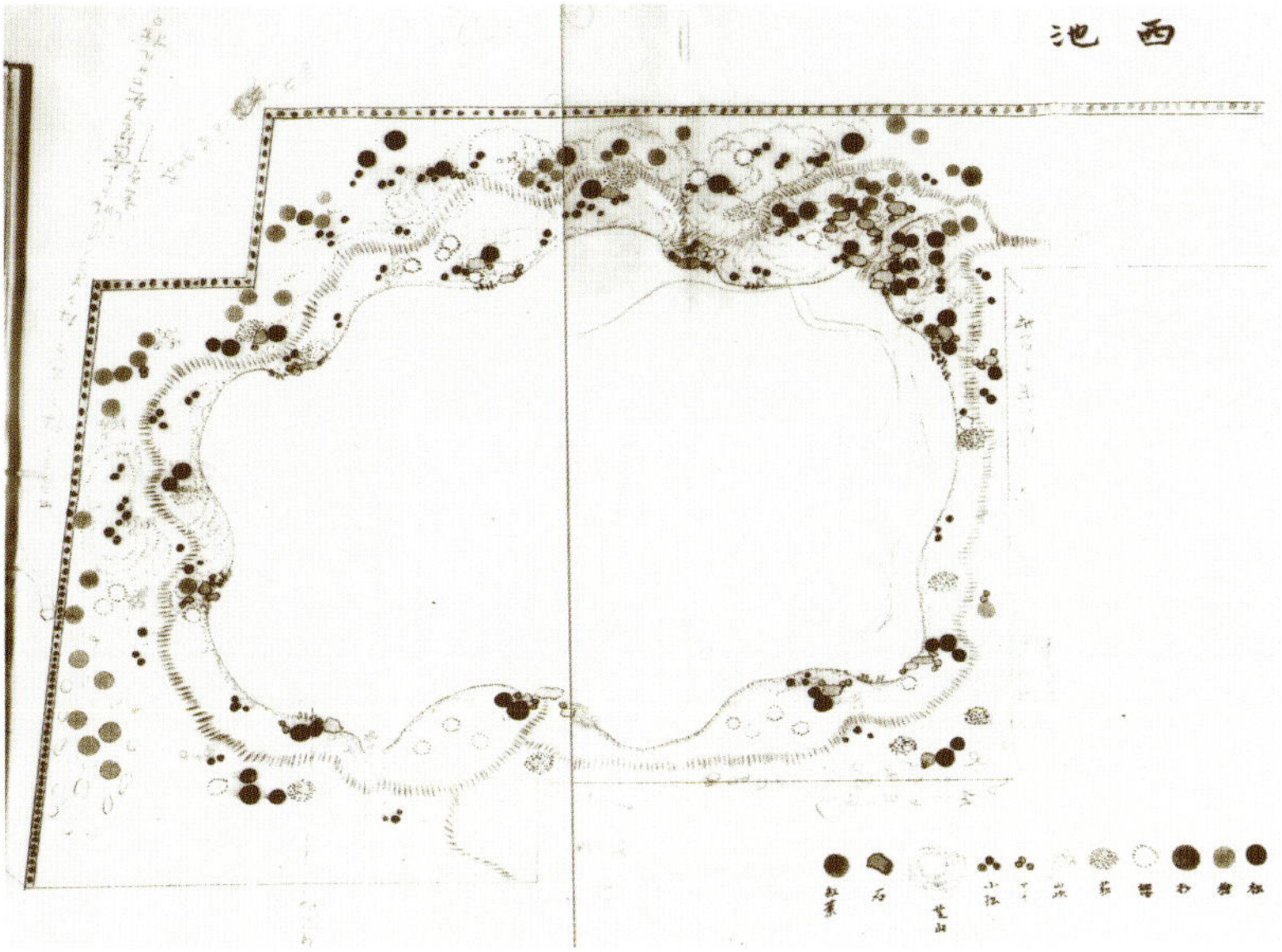

図Ⅷ-２　西池庭園平面図（「平安神宮紀念殿周囲庭園工事図面」より）

図Ⅷ-３　西池庭園鳥瞰図（「平安神宮紀念殿周囲庭園工事図面」より）

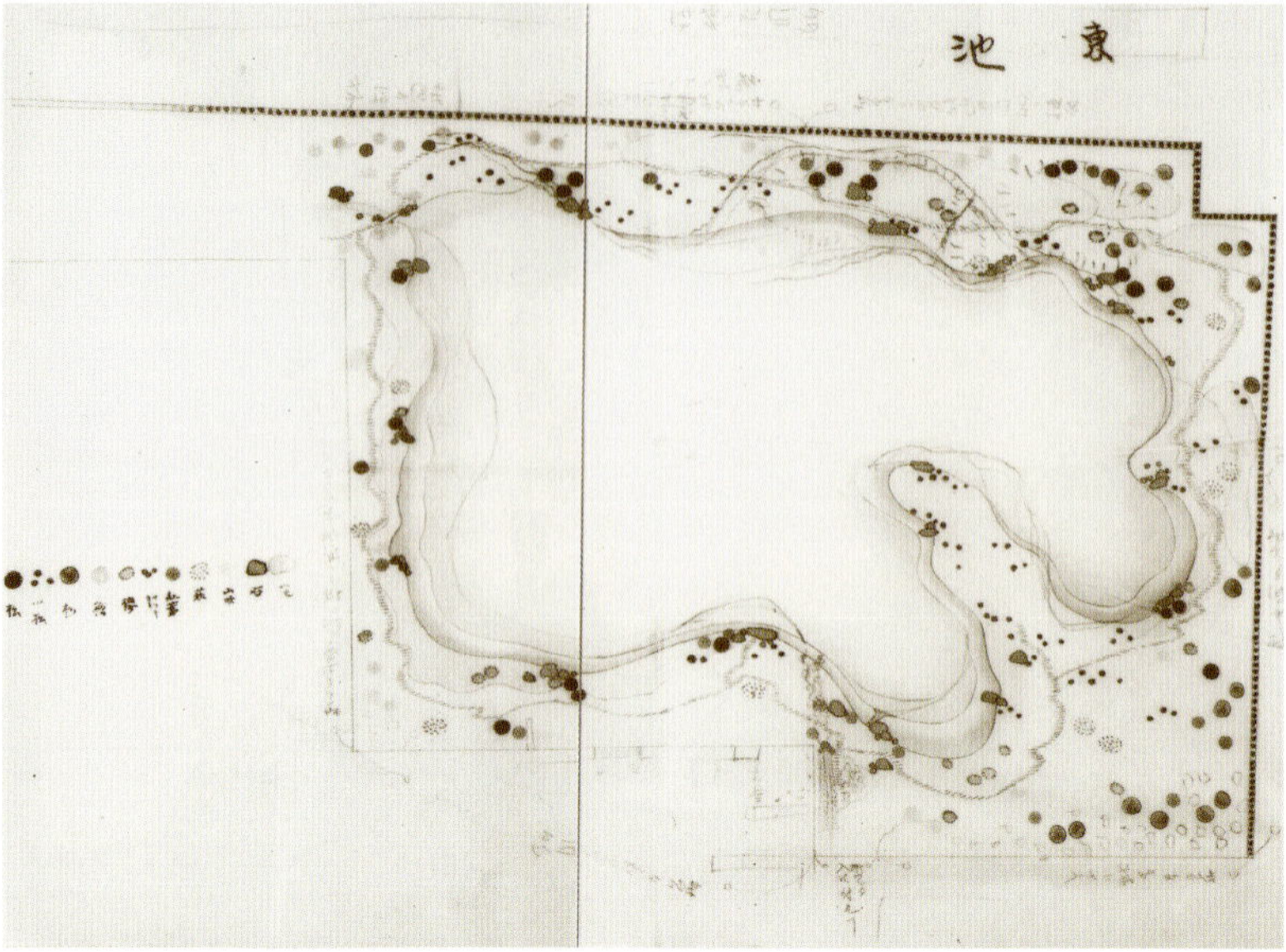

図Ⅷ－４　東池庭園平面図（「平安神宮紀念殿周囲庭園工事図面」より）

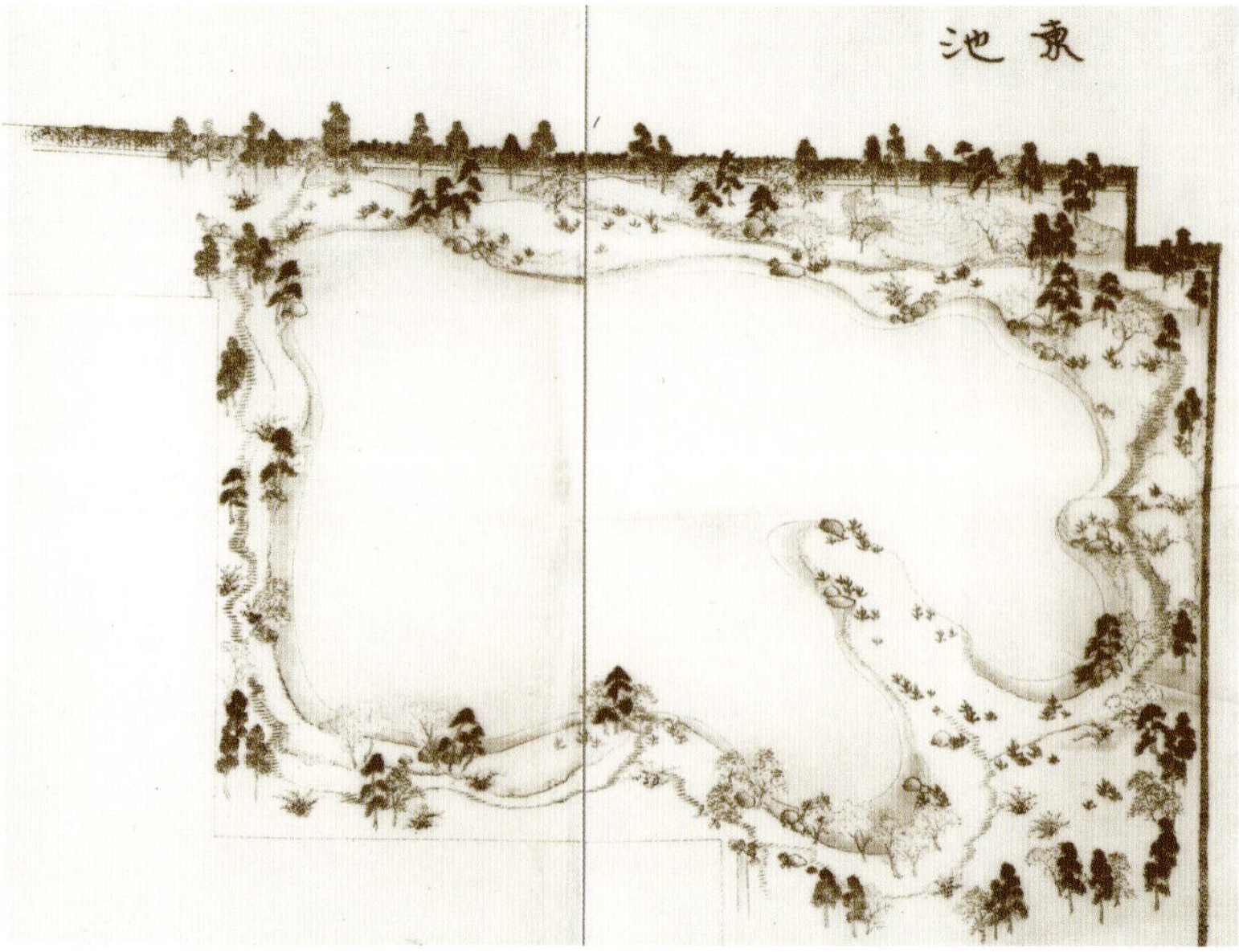

図Ⅷ－５　東池庭園鳥瞰図（「平安神宮紀念殿周囲庭園工事図面」より）

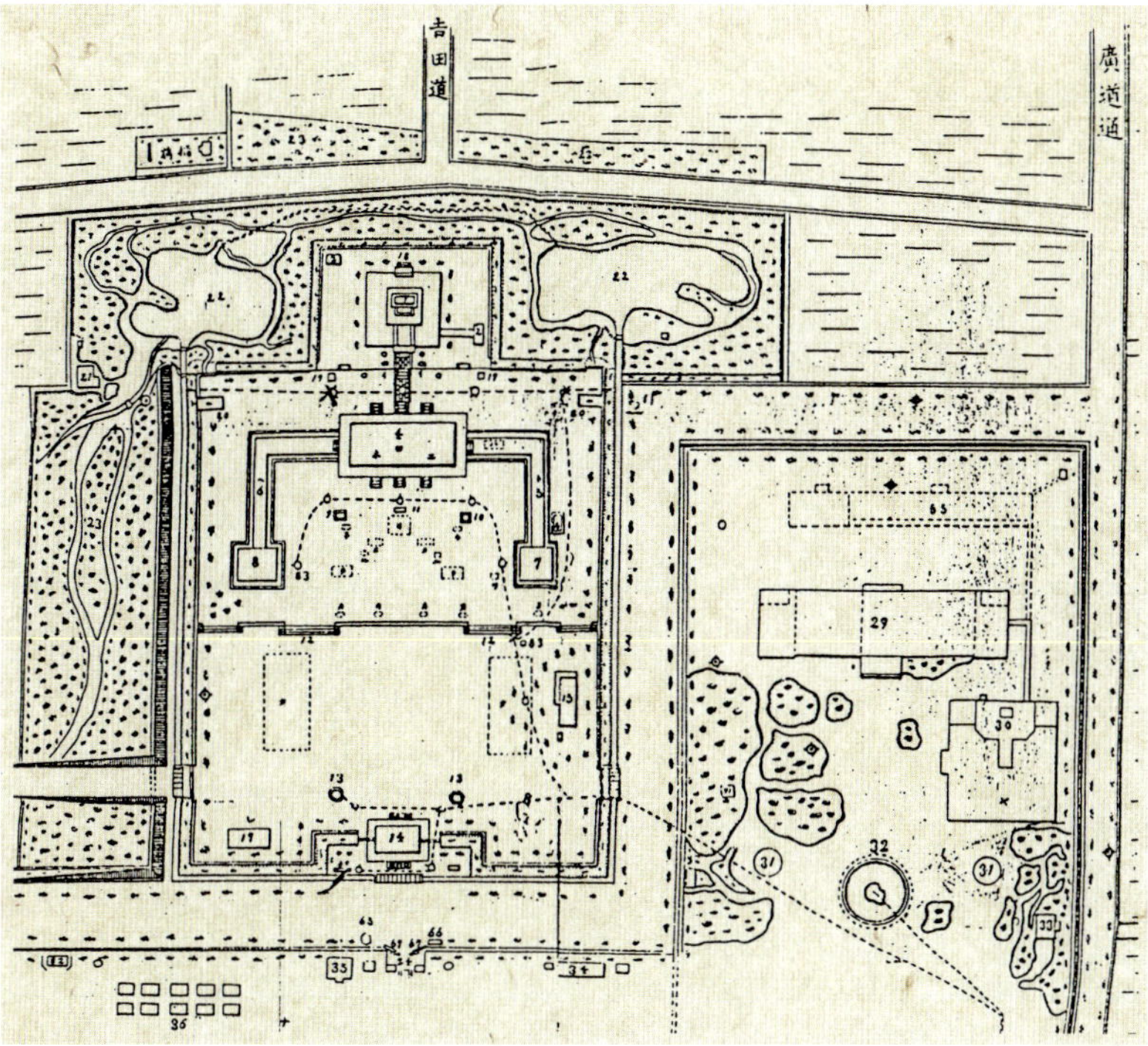

図Ⅷ－6　「平安神宮及第四回内国勧業博覧会之図」（平安神宮部分）

①マツ、スギ、ヒノキの針葉樹を中心に、サクラ、カキツバタ、サツキ、ヤマブキ、ハギ、カエデと季節ごとの彩りを考慮した計画であること。

②樹・草種が一〇種類（シバ含む）と少ないこと。[7]

このように、「園芸予算」や「平安神宮紀念殿周囲庭園工事図面」は、西神苑、中神苑の当初計画を知ることのできる大変貴重な資料であるが、ここで指摘しておきたいのは、小川治兵衛が協賛会に対し、設計図と見積書を提出している点である。庭園の築造にあたって、設計図や見積りを提出することが当時一般的ではなかったことは、かなり後年のことを述べた岩城亘太郎の述懐からもわかる。[8]おそらく小川治兵衛にとっても、こうした経験はこれが初めてであったはずである。そして、この経験が、京都市の事業であった円山公園築造を期限や工事費の制約（大正二年四月～三年三月、工事費一八万円）のなか自らのデザイン感覚でやりとげるなど、彼が公共造園の分野にも展開し業績を残していく端緒となったことは間違いのないところである。なお、小川治兵衛は東神苑の築造にあたっても、「平安神宮東側庭園築造設計書」（明治四十三年十一月十一日）、「平安神宮神園設計書」（明治四十四年六月十二日）の二通の設計書を提出している。これらに添付された見積書は、西神苑、中神苑のときのものほど詳細ではないが、彼がこうした仕事の進め方に手慣れていたことを示しているといえよう。なお、この二通の設計書と東神苑の築造については、以前に報告したことがあるので、ここではくりかえさない。(9)(10)

二　桃山官林の石

明治二十七～二十八年築造の西神苑・中神苑に使用された庭石は、『協賛誌』に「園中……排置セシ岩石ハ桃山官林ノ払下ヲ得」とあるとおり、当時大阪大林区署の管轄下にあった桃山官林（現在の京都市伏見区、当時の京都府紀伊郡堀内村）から払下げを受けたものであった。

『土木部・園芸書類』にはこのことに関する記録が散見する。まず、

大阪大林区署へ願出ノ件

明治廿八年ヲ期シ京都ニ於テ　恒武天皇平安遷都紀念祭執行相成候ニ付該祭ヲ協賛スル爲メ協賛会ナルモノヲ組織シ　平安神宮并ニ紀念殿建築罷在候処　右庭内ニ使用スヘキ石材ニ付彼是穿索罷在候得共適当ノモノ更ニ無之。然ルニ御署御管理内京都府紀伊郡桃山官林ニ往昔庭園ニ使用候石材有之趣　右石材大中取雑セ五十個小石千

個代金〈空欄〉円ヲ以テ御払下願下度。尤石材ハ地上ニ散在セシモノニテ　採取上ニ就テハ土中ヲ掘リ或ハ樹木ヲ伐ル如キ儀ハ更ラニ無之ト存候。何卒特別之御僉議ヲ以テ御許可願下度此段　願出候也。

平安遷都紀念祭協賛会　会長　近衛篤麿

大阪大林区署長　林務官　嶋田剛太郎殿

という文面で明治二十七年十一月二十八日に決裁を受けた文書は、大中の石の個数を五十個から七十個に変更し、代金を三十二円十銭として明治二十七年十二月五日付で大阪大林区署長に提出される(11)。

大阪大林区署長からは明治二十七年十二月二十日付の以下の回答が届く。

山城国京都市　平安遷都紀念祭協賛会　会長　公爵　近衛篤麿

明治廿七年十二月五日付転石払下願ノ件聞届候條代金ハ別紙納入告知書ニ拠リ上納スヘシ。但現物受取方等ノ儀ハ京都小林区署ノ指揮ヲ受クヘシ。

明治廿七年十二月廿日　大阪大林区署長心得林務官　松波秀実

この回答を受けた協賛会は、すぐに請書を提出している。

請書

山城国紀伊郡堀内村大字堀内字古城山官林内

一、転石壱千七拾個　　此代金　参拾弐円拾銭

今般前書之通御払下相受候ニ付　明治廿四年九月官有森林原野及産物特売規定及ヒ左記之條項ヲ承諾シ請書差出候也。

明治廿七年十二月廿三日　平安遷都紀念祭協賛会　会長　近衛篤麿

特売主任営林主事　持田伊三殿（以下略）

この一連のやりとりのなかで注目しておきたいのは、当時「京都府紀伊郡堀内村大字堀内字古城山桃山官林」内に「往昔庭園ニ使用」していた石が「地上ニ散在」しており、そのことを協賛会側すなわち実質的な造園担当者である小川治兵衛が知っていたという点である。「古城山」は、現在明治天皇桃山陵が所在する辺りを頂部とする伏見山を指す。(12) 伏見山は、豊臣秀吉により文禄五年（慶長元年・一五九六）から翌慶長二年（一五九七）にかけて伏見城が築かれた山である（図Ⅷ—7）。(13) その後、この城は、関ヶ原の合戦に伴う東軍と西軍の戦いで相当破壊され、いったんは徳川氏の手で大修復を受けるが、結局は元和九年（一六二三）に廃城となる。「古城山」とは、この伏見城廃絶後の伏見山の別称にほかならない。残念ながら、この『土木部・園芸書類』からは、庭石が地上に散在していた場所の特定はできない。しかし、「往昔の庭園」とは、豊臣氏あるいは徳川氏による伏見城に関連する庭園と考えて間違いなかろう。つまり、豊臣氏あるいは徳川氏という、当時の最高権力者の指示によって築造された庭園の石が、神苑において再び庭石として用いられるわけである。

なお、この後、協賛会から大阪大林区署に対して、桃山官林内の「転石御払下願」が明治二十八年一月七日付で五十個（代金二十円）、同年二月十八日付で七十六個（代金四十九円四十銭）、同年二月二十六日付で七十四個（代金四十八円十銭）と再三に渡って提出されている。一月七日付の払下願は一月二十四日に許可されているが、度重なる払下願に実際に事務を担当した京都小林区署もさすがに閉口したのか、二月二十七日付で以下のような文書を協賛会あてに送付している。

二月廿六日付ヲ以テ紀伊郡堀内村字古城山官林転石払下願書御差出相成候処　取扱上左之件之承知致度候條　至急御回報有之度　此段及照会候也

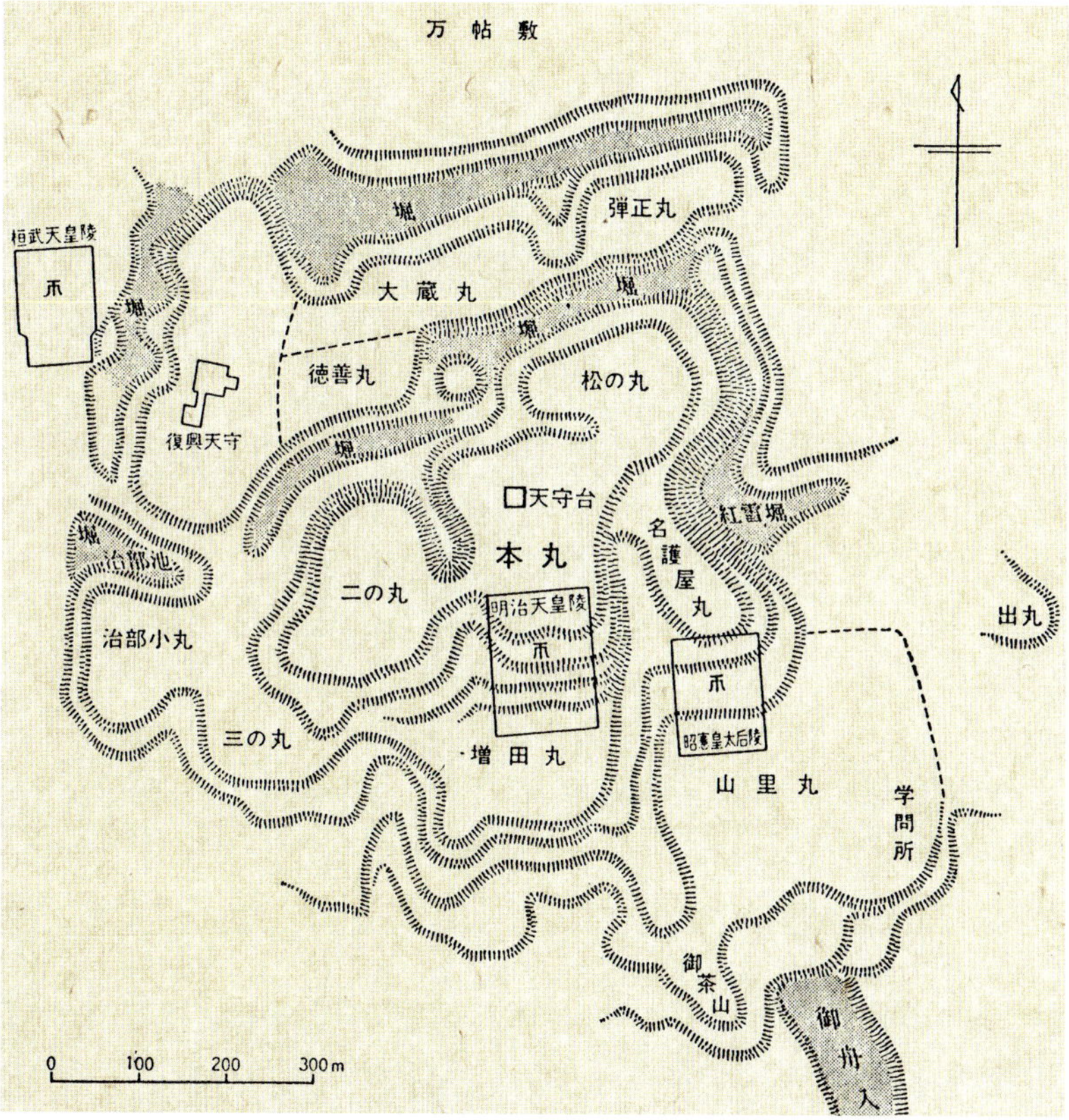

図Ⅷ-7　慶長初年段階の伏見城復原図

一、平安宮庭園築石材料ハ当地ニ於テハ独リ古城山官林ノ外之購入スベキ材料求ムベカラザルヤ
二、果シテ古城山官林ニ限ルトセハ曩ニ再度数百個払下ケ今又多量ノ払下ヲ再願セラル由斯賛成者追加ノ結果ニヨリ再三再四該官林ニ於テ多数ノ転石ヲ掘採スルニ至テハ独リ貴会ノ満足ヲ得ルモ実際営林上得策ニ非サレバ実地ノ調査尤モ精密ヲ要スルニヨリ該願面六拾個ハ壱個平均拾五切ト之レアルモ其大ナル品ハ凡ソ何切程ニシテ小ナル品ハ又タ何程ナルヤ
三、材料他ニ求ムヘカラサルモノトセバ該官林転石ハ京都ニ於テハ既ニ稀有ノ転石ナリ。其価格ハ何ニ依リ標準トセラレシヤ。凡ソ庭園築石ノ価格ハ量積ノ大小ニ依テ区別ヲナスモノ也、又品質ノ良否ニヨリテ価格ヲ異ニスルモノ也。右壱個拾五切ニ該当スル庭園築石トスレバ該価格ハ現今市場ノ売価取調ラレタル結果ニ依ル也
四、今回出願ニ係ル分ハ曩ニ払下タル一個ノ□□ヨリ殆ント倍量ナルニ拘ラズ単価同一ナルハ如何
明治二十八年二月廿七日　京都小林匿署
平安遷都千百年紀念祭協賛會会御中

結局、これらの「転石払下願」は、明治二十八年四月十五日付で許可され、京都小林区署の指摘にもあるように、伏見城に関連する庭園から「多数」のそして「稀有」の庭石が持ち出された。当時古庭園の破壊という意識は全くなかっただろうが、この庭石持出しにより結果として桃山時代あるいは江戸時代初頭の庭園遺構がかなり破壊されたことは間違いない。もっとも、時を経ずこの一帯に明治天皇桃山陵が大規模に築造されたことなどを考えると、あるいは、神苑に再生された庭石は命を永らえたということができるかもしれない。

三　琵琶湖疏水と東神苑の庭石

西神苑、中神苑の庭石の大半が、桃山官林から払下げを受けたものであることは前述のとおりであるが、明治四十四年から大正五年にかけて築造された東神苑の庭石は、ほぼ購入したものであり、その産地は主として滋賀県滋賀郡志賀町守山周辺である。このことについては、文献調査と詳細な現地調査に基づいた尼崎博正の論考がある。(14) 尼崎は守山周辺で産出する「守山石」（チャートの「純守山」とホルンフェルスの「守山の黒手」の総称）を小川治兵衛が京都で用いる庭石として商品化した経過を示し、琵琶湖と南禅寺・岡崎周辺の庭園群を直結する疏水の役割を指摘している。

尼崎も引用している「御庭石見積書」（明治四十四年六月十二日付。「平安神宮神園設計書」添付）で、小川治兵衛は大石（六百貫以上千貫）三十個（平均単価二十七円）、中石（三百貫以上）二百個（平均単価六円）、中石（七十貫以上）五百個（平均単価一円）、小石二千個（平均単価十五銭）の使用を見込み、大津舟、疏水舟で運搬するものとしている。そして、今回平安神宮から提供された『庭石運搬受付簿』によって、実際に運び込まれた数量が明らかになった。それによれば、明治四十四年九月十二日から翌大正元年十一月二十日までの間に、大きく三時期に分けて、大百七十二個、中三百九十三個、小二千七十五個の庭石が、合計百六十八艘の疏水舟によって搬入されている。(15) 疏水の貨物輸送機能は「明治三十年頃から疏水による貨物輸送はしだいに減少して、渡航船・遊船と称する乗客を主とし、それも観光か物好きのものに利用される有様となった」(16) とされるが、こと庭石の輸送に関しては明治末年の段階でも十分に働いていたことが明らかとなったわけである。あるいは、琵琶湖と岡崎・南禅寺間の庭石輸送が、最後まで残った疏水の貨物

図Ⅷ-8　西神苑の滝と守山石の滝添え石現況

輸送機能の一つであったのかもしれない。それにしても、これだけ大量の石を短期間に作庭に用いた小川治兵衛の組織力と計画性にはあらためて驚かされる。

なお、「守山石」の呼称について、尼崎は『清水家十牛庵文書』の大正四年四月三十日付の小川治兵衛発清水吉次郎宛の書簡を初見としているが、(17)実は『協賛誌』の物品寄付目録の中に「守山石」の名が挙がっている。音嶋三郎兵衛他二名から寄付された「守山石」一石十二円がそれである。この寄付目録のなかで庭石の寄付は四件あり、うち二件は「自然石」「岩石」と記載されており、産地名を冠しているのは「守山石」と「伊豫石」の二件である。「伊豫石」は、いうまでもなく「青石」と称される結晶片岩で、庭石として有名なものである。そうしてみると、「守山石」の名も明治二十七～二十八年頃にはすでに定着していたといってよいだろう。また、この石は金額換算では十二円となっており、明治四十四年の小川治兵衛の見積書の大石と中石の間の金額であるが、この間の物価上昇なども考え併せると、(18)大石（六百貫以上）相当のものと考えられる。尼崎の調査によれば、西神苑では滝添え石と滝近くの池中に浮かぶ岩島に守山石が使用されており、中神苑では東神苑との繋ぎ部にかなりの数の守山石が用いられている。中神苑のものは位置から考えて、明治四十四年以降の東神苑築造の際のものと考えて差し支えない。そうすると、音嶋三郎兵衛他二名によって寄付された守山石は、西神苑の二個のうちのいずれかである。大胆に推測すれば、その大きさから考えて、滝添え石こそがこの石ではないだろうか（図Ⅷ—8）。

四　臥龍橋と五条大橋・三条大橋の石材

中神苑の蒼龍池《そうりゅうち》の北岸から中島に渡る臥龍橋《がりゅうきょう》は、五条大橋と三条大橋の橋桁と橋脚を用いた飛石《とびいし》で、平安神宮神苑を代表する景観の一つとなっている。臥龍橋は、明治四十年に橋桁三本と橋脚十一本で築造され(19)、大正元年から二年にかけてさらに橋脚三本が付け加えられて今日見るような姿となった。平安神宮には、この間の経緯についての文書が残されている。

まず明治四十年六月十一日付・未発第三一号として、以下のような「石柱并庭石等下渡願」という文書が平安神宮宮司から京都市長宛に発信されている。

未発第三一号　石柱并庭石等下渡願

当神宮神苑ハ年々手入ヲ致シ居ニ付風致モ次第ニ相増シ樹木欝蒼シ　当今ニテハ府下ハ勿論他地方恭拝者ニ於テモ其風景ヲ賞揚スルニ至リシハ本社ノ資力ノ乏ニヨリ御市ヨリ年々保存金下賜御保護ノ厚ニ依ルモノト深ク感佩仕リ　本年ノ如キハ殊ニ多額ノ御補助金ヲ下賜セラレ一層力ヲ尽シ補助ノ御趣旨ニ悖ラザル様可仕候。然ルニ神池ニハ飛石捨石等モ少ク風致上遺憾ニ存シ数年前ヨリ石材蒐集ノ計画ヲ仕居候モ何分価モ高ク容易ニ購入仕兼候。然ルニ承ル処ニ固レハ京都御所御苑内博覧会場モ本年ハ引拂可相成哉。付テハ右庭園ニアル五条橋古石柱ノ如キハ他ニ御移シ可相成義ト存候ニ付当宮ハ京都ニ御由緒モ深キ処ナレハ可成往古ノ遺業ヲ示シ度候間　神苑東手ノ池中へ出島・飛橋トセハ一層風致ヲ増スモノト存候。且亦神苑モ創立尚古月浅ケレハ庭園樹木石材ニ於テモ充分ニ無之。此際他ニ移転スヘキモノハ可成御下賜ニ相成候得ハ　神苑ノ趣味ヲ増ス事ト深ク相信シ候間　前陳ノ事情御洞察出格ノ御詮議被成下度此段奉願候也

明治四十年六月十一日　平安神宮宮司子爵　日野西光善

京都市長　西郷菊次郎殿

これに対して、十五日後の六月二十六日付けで京都市から保管を託する旨の以下の文書が返送されてくる（添付された目録内容は表Ⅷ―2のとおり）。

表Ⅷ-2　石材保管目録

品質	種目	尺度			点数
白川石	橋桁	丈10尺	巾2尺	角	1
同	同	丈9尺	巾2尺	角	1
同	同	丈3尺	巾2尺	角	1
同	橋柱	丈4尺1寸	径2尺5寸	丸形	1
同	同	丈4尺1寸	径2尺3寸	丸形	1
同	同	丈4尺4寸	径2尺2寸	丸形	7
同	同	丈3尺6寸	径1尺8寸	丸形	1
同	同	丈3尺	径1尺7寸	丸形	1
計					14

京都市乙第二〇五〇号

本月十一日付未発第三一号ヲ以テ出願相成ル件ハ都合上詮議ニ及ヒ難ク候ヘバ別紙目録之通貴所へ保管ヲ托シ候条保管証御提出相成度此安（ママ）及御照會候也

明治四十年六月廿六日　京都市長　西郷菊次郎

平安神宮々司子爵　日野西光善殿

このやりとりのなかでとくに注目しておきたい点が二つある。第一点は「石柱并庭石等下渡願」の文面にあるように、橋脚を利用した飛石を蒼龍池に設置しようというデザイン計画が先に有り、それに基づいて払い下げを願い出ている点である。(20)そして、このデザイン計画が小川治兵衛によるものであることは、彼と神苑の関わりからして、疑いようもない。この庭のデザインのイニシアチブは、完全に小川治兵衛が握っていたといえよう。第二点は、京都市側の反応である。「都合」が何を意味するのかは不明であるが、何らかの理由で「詮議に及び難」いにもかかわらず、保管委託というかたちで実質的に払い下げを行なっている。平安神宮がもともと京都市の発議によって創建された神社であるという密接な関係がこうしたことの素地になっていると考えてよいだろう。

京都市から保管委託を受けた十四個の石材によって作られたいわば第一期の臥龍橋に、大正元～二年に、東神苑の築造時にあわせて、さらに三個の橋脚が付け加えられ、今日見る臥龍橋ができあがる。このとき付け加えられた三個の橋脚は、明治四十四年十一月七日付け京都府知事宛「五条橋石柱并梁等御下渡願」(21)で払い下げを依頼し、大正元年十一月七日付けで保管委嘱を受けた後、同三年十一月二十日付けで無償贈与となった三十八個の三条大橋橋脚のうちの一部であり、この中には「天正十七年五月吉日」(22)と彫刻ざれたものも含まれていた。なお、それまで蒼龍池東南岸から張り出すかたちであった出島は、この改修に合わせて岸から切り離され中島となる。

五　京都の歴史的風土と近代

平安神宮に残された神苑築造に関する記録を中心に、いくつかの話題をとりあげて、神苑と小川治兵衛あるいは当時の京都の造園事情について考察を加えてきた。そのなかで、神苑築造が小川治兵衛の公共造園への展開の第一歩であること、伏見城関連の庭園の庭石や三条・五条大橋の旧橋脚等を造園材料として利用するなど神苑には京都の歴史が色濃く反映していること、また小川治兵衛が開発に深く関わったと考えられる琵琶湖疏水経由の庭石供給ルートが東神苑の築造にあたっては石材供給の根幹となっていることなどを確認することができた。

明治中期から昭和初期に築造された、神苑を含む岡崎・南禅寺周辺の庭園群成立の構造として、一つに近代京都における大公共事業であり、庭園への豊富な水の供給を可能にした琵琶湖疏水の存在、いま一つに行政によるこの地域の風致保存策があることは、すでに多くの指摘があるところである。[23] こうしたこれまでの成果とあわせて、小川治兵衛と当時の京都の造園事情を読み解くとすれば以下のようになるのではないだろうか。

すなわち、歴史都市として、また日本庭園文化の中心として、京都には有形・無形の造園に関する蓄積があったこと。そして、デザイン的には旧弊を脱却し新境地を切り開いた小川治兵衛もまた、この蓄積を最大限に活用したこと。さらに彼は「公共」を指導理念とした京都の近代化[24]に的確に波長を合わせていたことなどである。

一般に庭園は、時代と風土によって、材料やデザインあるいは使われ方が大枠として規定されるといってよい。小川治兵衛の庭もまた、いわば京都の歴史的風土を経《たていと》に、近代という時代を緯《よこいと》に織りなされたものであることをあらためて痛感するしだいである。

本章の作成にあたっては、平安神宮当局から資料の閲覧および撮影を許可していただくなど、多くの御配慮をいただいた。とくに権禰宜・赤木尊文氏には、御多忙にもかかわらず、大変お世話になった。記して感謝したい。

なお、平安神宮では平成六年（一九九四）に創建百周年をむかえるが、その記念事業として、『平安神宮百年史』の編纂を進めておられる。このなかで、神苑の歴史が年代を追って詳細に明らかにされることと思う。大きな成果を期待してやまない。

註

(1) 明治三十六年(一九〇三)刊の『京都名勝記』(京都市参事会)によれば、「神苑」は、本殿の後方左右にある現在呼ぶところの西神苑、中神苑のほか、応天門から南方の慶流橋までの間の左右の園地も含めた呼称であったが、同四十二年刊の『京華林泉帖』で「神苑」として解説されているのは西神苑・中神苑だけである。したがって本稿で「神苑」として取扱うのは西神苑、中神苑と明治四十四年~大正五年に築造された東神苑のみとする。

(2) 万延元年(一八六〇)、山城国乙訓郡西神足村(現在の京都府長岡京市)に生まれる。明治十年(一八七七)、造園業を営む小川家に婿養子として入り、明治十二年に家督を相続。明治の元勲・山縣有朋の京都南禅寺別邸・無鄰庵の造園にたずさわった(明治二十七~二十九年)のを契機に、平安神宮神苑、對龍山荘(市田家別邸)、有芳園(住友家別邸)など、南禅寺・岡崎周辺の大規模な別荘などの庭園を次々と手がける。立地を巧みに生かしながら、実物大の自然をデザインに取り入れ、園遊会、茶会といった施主の要望にもこたえて庭園をまとめあげる力量は抜群のものであった。また、材料の開発やストック、職人の養成を行うとともに、庭園付き別荘用地としてあらかじめ土地を購入しておくといった市場の創出や積極的なセールスも行うなど、従来の植木屋とは全く異なった企業家でもあった。作品は上記のほかに、京都では円山公園、碧雲荘(野村家別邸)、怡園(細川家別邸)など多数をかぞえ、京都以外でも大阪・慶沢園(旧住友家茶臼山本邸)、東京・旧古河庭園などがある。昭和八年(一九三三)、七十四歳で没。まとまった文献としては、『小川治兵衛』(山根徳太郎編・私家版、一九六五年)『植治の庭―小川治兵衛の世界』(尼崎博正編・淡交社。一九九〇年)がある。

(3) 明治二十七年二月二日から同二十九年三月九日までの間の造園・園芸関係の書類をまとめた一件綴。西神苑・中神苑の築造の過程が詳細に記録されている。

(4) 『協賛誌』の「神苑」(白虎編〇三四)の項は本章の重要な資料となるので以下に主要部分を示しておく。

神宮ノ建築大極殿ノ模造既ニ成リ規模宏大境内廣闊従テ神苑ノ構造之ニ稱ハサルヘカラス。然レモ園藝ノ事タル之カ完美ヲ計レハ一盆池ニシテ數千金ヲ費ヤシ一挙石ニシテ數百金ヲ投セサルヘカラス。此ノ如キハ經費ノ許ス所ニ非サルヲ以テ委員ヲ設ケ百方苦慮シテ原形ノモノヲ築造セリ。而シテ園中植栽セシ樹木ハ専ラ寄附物ヨリ成リ排置セシ岩石ハ桃山官林ノ拂下ヲ得。種々ノ經營ヲ以テ經費ヲ減少スルヲ得タリ。

又神宮ノ背後ハ直ニ民有地ニ接スルヲ以テ将来人家稠密ニ際セハ火災延焼ノ憂ナキ能ハス。是ヲ以テ更ラニ數反歩ノ民有地ヲ購入シ以テ樹林トナセリ。又社殿ハ宮内省御下賜金及全國有志者ノ寄附金ヲ以テ成立シタルモノナレハ万一祝融ノ變ニ罹ルカ如キ不幸アラハ上ハ　皇室ニ下ハ有志者ニ對シ分疏條陳ノ道ナキヲ以テ西村幹事ノ主唱ニ依リ疏水ノ水ヲ利用シ三吋半ノ鐵管ヲ布設シ各處ニ噴水口ヲ備ヘ注射管ヲ附シ臨時ニ噴水注射シ得ルノ用意ヲナシ平時ハ神宮ノ手洗盥又ハ神苑ノ池ニ潅キタリ。

（5）小川治兵衛への特命は、山縣有朋の無隣庵の造園にたずさわっていたことがきっかけとなった。このことについては、黒田天外との対談で、彼自身が「平安神宮の神園を作るにつき山懸さんへ行て居る植木屋を呼べとのことで私が命ぜられました」と述べている。（「園藝の名家」黒田天外、『続々江湖快心録』、一九一三年）

（6）「園藝予算」では、この「直積書」に予備金百円を上乗せしているため、合計金額では百円の差が出ている。実際の契約では、結局予備金は上乗せされず千六百三円五十六銭で契約されている。

（7）施工過程で当初計画にはなかった種類の樹木の購入記録が見られるほか、多数の寄付樹木のうちの一部は西神苑、中神苑に植えられたと推測できることから、明治二十八年の竣功時には当初の計画より多種類の植栽がなされていた。なお、明治三十九～四十二年に築造された京都・松ヶ崎の無盡庵庭園〈面積約三六〇〇平方メートル〉では中高木三十一種類以上、低木十種類のほか地被草本は多数の種類が用いられている（小野健吉「神坂雪佳の作庭とその意義について」『造園雑誌』四九巻五号、一九八五年、四九～五四ページ）。

（8）小川治兵衛のもとで大正三年から働いた岩城は、「いまのように丁寧に設計図などというものを書くわけでなく、隣りの七宝屋に勤めている中原さんという絵描きさんにアルバイトに簡単な絵を描かせて、こういう具合いにやろうということで、メモ程度の注意書をつけて、京都からどんどん現場の者に指示を与えていました。」と述べている。（『日本の庭―岩城亘太郎作品集』淡交社、一九七八年）

（9）円山公園の築造過程については、丸山宏「円山公園」（『植治の庭―小川治兵衛の世界』淡交社、一九九〇年、一四六～一五〇ページ）に詳しい。

（10）小野健吉「小川治兵衛の作庭に関する考察（その二）」『日本造園学会関西支部大会研究発表要旨』、一九八四年、五～六ページ。

（11）この決裁文書をもとに作成された送付文書の写しからこのことがわかる。この写しでは「小石」の用途が「栗石・叩き小石」と記されている。

（12）『京都市の地名』平凡社、一九七九年、四一九ページ。

（13）豊臣秀吉は文禄元年（一五九二）から伏見山西南方の「指月の森」に屋敷を造営し、同三年からほぼその近くに第一期の伏見城を築城するが、慶長元年（一五九六）の大地震によりこの城は大きな損害を被った。このため秀吉は、大地震直後から伏見山頂部付近に第二期の伏見城を築城した。（『京都の歴史四・桃山の開花』、京都市、一九六九年）。

（14）尼崎博正「守山石と小川治兵衛」『瓜生』第九号、京都芸術短期大学、一九八六年、一〇～二〇ページ。同「植治の開発した庭石」『石と水の意匠―植治の造園技法―』淡交社、一九九二年、二二二～二三三ページ。

（15）明治四十四年九月十二日～十二月二十九日に、疏水舟三十九艘で大五十六個・中九十四個・小五百五十七個。明治四十五年三月十日～四月三十日に、疏水舟四十九艘で大三十九個・中七十四個・小五百五十一個。大正元年〈明治四十五年と同年〉九月十七日～十一月二十日に、疏水舟八十艘で大七十七個・中二百二十五個・小九百六十七個。

（16）『京都の歴史八・古都の近代』京都市、一九七五年、一六三ページ。

（17）尼崎博正「植治の開発した庭石」『石と水の意匠―植治の造園技法―』淡交社、一九九二年、二二二～二三三ページ。

（18）『値段史年表』（朝日新聞社、一九八八年）によれば、白米の価格（東京における標準価格米一〇キロ当りの小売価格）は明治三十年の一円十二銭から大正元年の一円七十八銭に上昇（上昇率一・五九倍）、また大工手間賃（東京における一人一日当り）は明治二十八年の五十四銭から大正元年の一円十八銭に上昇（同二・一九倍）している。明治二十七、二十八年から大正元年までの物価上昇率は、おおむね二倍前後である。

（19）明治四十二年に刊行された『京華林泉帖』所載の写真で、橋脚十一本と橋桁三本を用いた臥龍橋が確認できる。

（20）このことについては、小野健吉「平安神宮神苑」（『植治の庭―小川治兵衛の世界』淡交社、一九九〇年、六二～六六ページ）で指摘し、尼崎博正も「植治の開発した庭石」（『石と水の意匠―植治の造園技法―』淡交社、一九九二年）で確認している。

(21)「五条橋」とあるのは、「三条橋」の誤り。この文書中に「今般五条橋架替ニ付」と記されているが、この時期に架替えがあったのは、五条大橋ではなく三条大橋である（大正元年十月竣工〈『京都府誌・下』京都府、一九一五年〉）。また、大正三年一月二十二日付けで平安神宮が京都府に提出した領収書には、「去ル明治四四年一一月七日付ヲ以テ京都府へ三条大橋々脚残石無償下附出依願ニ對シ…」と訂正している。

(22) 三条大橋は、天正十八年（一五九〇）に豊臣秀吉によって石橋として改築されたことが擬宝珠の銘からわかっている。なお、同じ時期に「大仏橋」が現在の五条大橋の位置に秀吉によって新築されている（『京都の歴史四・桃山の開花』京都市、一九六九年）が、この時の「大仏橋」も三条大橋と同様の石橋であった（同書では、五条大橋〈大仏橋〉が石橋とされる時期について舟木家本『洛中洛外図屏風』の景観年代とそこに描かれた五条大橋の木橋状の形状を根拠として上限を寛永十八年〈一六四一〉頃とする〈三三一ページ〉が、この屏風では三条大橋と考えてまちがいない橋も同様の木橋状に描かれており、三条大橋は天正十八年に石橋となったとする同書の記述と矛盾し、根拠にならない）。この位置に架橋したのは、その名のとおり秀吉造営の方向寺大仏殿へのアプローチとするためであり、このことから「大仏橋」が三条大橋よりも格下の木橋であったとは考え難い。また、現在の五条大橋西詰北側の公園に保存されている「津國御影／天正拾七年／五月吉日」銘の橋脚の存在も、「大仏橋」が天正十七～十八年の新築時に石橋であったことを示している。

(23) 尼崎博正「南禅寺界隈疏水園池群の水系」『瓜生』第七号、京都芸術短期大学、一九八四年、六一～七七ページ。芹田彰・矢ヶ崎善太郎「別荘庭園群の成立」『植治の庭―小川治兵衛の世界』淡交社、一九九〇年、二一〇～二一五ページ。

(24)『京都の歴史八・古都の近代』京都市、一九七五年、六ページ。

あとがき

八編（あるいはそのうちの何編か）の拙稿にお付き合いいただき、ありがとうございました。「はじめに」で申しましたとおり、書いた時期や目的あるいは発表した媒体も異なるため、読者の皆様には、相互の脈絡のなさを感じさせ、当惑させてしまったのではないかと申し訳なく思っています。それでも、本書から、日本庭園とそれを軸として広がる文化をいくらかでも読み取っていただけたとすれば、たいへんうれしく存じます。

庭園は、その立地する風土のもと、造られた時代と意図などによって枠組みが決まり、その後の時の流れと人の営みによって育まれる屋外空間です。もちろん日本庭園も、四季の変化に恵まれた、しかも多様な地形的特色を持つ日本の風土の中で、時代ごとの要請や好尚を反映しながら生み出され、人為と自然の営力に与りつつ形成されてきたもので、芸術の観点でも世界的にきわめて高く評価されていることはご存じのとおりです。もちろん失われた日本庭園も数知れずあるわけですが、名園として今もその姿をとどめるものには、市民生活に彩りを与える余暇資源あるいは国内はもとより海外からも人々をいざなう観光資源として人気を博しているものも少なくありません。そうした庭園も、庭園の所有者や管理者らの関係者、そして優れた技を以て実際の庭園管理にたずさわる庭園技術者の努力なしでは、実はほんの一年すらその姿を保つことはできないのです。

残念ながら、私は作庭の技術も庭園管理の技術も持ち合わせていません。しかし、日本庭園を心から愛する者として、その歴史と文化の一端を解き明かし、語ることによって、一人でも多くの方々に日本庭園に興味を持っていただき、そのよき理解者になっていただきたいとの思いを持っています。ささやかな本書がその一助となりえたとすれば、それは望外の喜びです。

浅学非才にもかかわらず、私が曲がりなりにも庭園史の研究者としてここまで何とかやってこられたのは、本当に多くの方々のおかげにほかなりません。学んだ京都大学農学部造園学研究室関係の諸先生方、勤務した奈良文化財研究所の先輩・同僚諸氏、さらには庭園の現地調査や関連文献調査などでお世話になった庭園所有者あるいは関係者の方々には、この場を借りて厚く御礼申し上げます。

とりわけ、二十代の後半に庭園史の勉強を始めたころ親身に手ほどきをいただいた故・村岡正先生（元・庭園文化研究所長）、研究に関するさまざまな助言をいただき、研究会にお誘いいただくとともにいくつかの論文執筆の機会も与えていただいた白幡洋三郎先生（国際日本文化研究センター名誉教授）のお二人には、特にお名前を挙げさせていただき、心から感謝の意を表したいと思います。

また、六十歳の定年退職を来春に控えたこの時期に出版の機会を与えていただいた吉川弘文館の吉川道郎社長、編集でお世話をいただいた石津輝真さんと伊藤俊之さんにも深く感謝する次第です。

平成二十七年八月

小野健吉

図版出典等一覧

図Ⅰ―1　上之宮遺跡（奈良県桜井市）〈桜井市立埋蔵文化財センター〉……六

図Ⅰ―2　古宮遺跡（奈良県橿原市・高市郡明日香村）〈奈良文化財研究所〉……六

図Ⅰ―3　宮滝遺跡（奈良県吉野郡吉野町）〈奈良県立橿原考古学研究所〉……六

図Ⅰ―4　島庄遺跡方池（奈良県高市郡明日香村）〈奈良県立橿原考古学研究所〉……六

図Ⅰ―5　酒船石遺跡（奈良県高市郡明日香村）〈明日香村教育委員会〉……七

図Ⅰ―6　飛鳥京跡苑池（奈良県高市郡明日香村）〈『史跡・名勝飛鳥京跡苑池㈠』奈良県立橿原考古学研究所、二〇一二年〉…七

図Ⅰ―7　石神遺跡方池Ａ（奈良県高市郡明日香村）〈奈良文化財研究所〉……七

須弥山石・石人像〈奈良文化財研究所飛鳥資料館所蔵、奈良文化財研究所〉……七

図Ⅰ―8　郡山遺跡（仙台市太白区）〈仙台市教育委員会〉……七

図Ⅰ―9　平城宮佐紀池（奈良市）〈奈良文化財研究所〉……一〇

図Ⅰ―10　平城京左京一条三坊十五・十六坪（奈良市）〈奈良文化財研究所〉……一〇

図Ⅰ―11　平城京左京三条二坊二坪（奈良市）〈筆者撮影〉……一〇

図Ⅰ―12　平城宮東院庭園後期（奈良市）〈奈良文化財研究所〉……一〇

図Ⅰ―13　平城京左京三条二坊六坪（奈良市）〈奈良文化財研究所〉……一一

図Ⅰ―14　平城京左京二条二坊十二坪（奈良市）〈奈良市教育委員会〉……一一

図Ⅰ―15　法華寺阿弥陀浄土院跡（奈良市）〈奈良文化財研究所〉……一一

図Ⅰ―16　周防国府跡（山口県防府市）〈防府市教育委員会〉…一一

図Ⅰ―17　唐洛陽上陽宮遺構平面図（中華人民共和国洛陽市）〈「洛陽唐東都上陽宮園林遺址発掘簡報」『考古』一九九八年二月号、中国社会科学院考古研究所、一九九八年〉……一四

図Ⅰ―18　唐洛陽上陽宮園池西部遺構（中華人民共和国洛陽市）〈「洛陽唐東都上陽宮園林遺址発掘簡報」『考古』一九九八年二月号、中国社会科学院考古研究所、一九九八年〉……一四

図Ⅰ―19　新羅雁鴨池 航空写真（大韓民国慶州市）〈『雁鴨池』図版編、大韓民国文化部文化財管理局、一九九三年〉……一八

図Ⅰ―20　新羅雁鴨池 島の護岸石積・景石群（大韓民国慶州市）〈『雁鴨池』図版編、大韓民国文化部文化財管理局、一九九三

年〉……一八
図Ⅱ―1　神泉苑現況〈京都市中京区〉〈筆者撮影〉……二五
図Ⅱ―2　神泉苑推定復原図〈太田静六『寝殿造の研究』吉川弘文館、一九八七年〉……二七
図Ⅱ―3　興慶宮図（宋）〈『唐代研究のしおり（第七）長安と洛陽地図』京都大学人文科学研究所、一九五六年〉……二九
図Ⅱ―4　興慶宮図（清）〈『唐代研究のしおり（第七）長安と洛陽地図』京都大学人文科学研究所、一九五六年〉……二九
図Ⅱ―5　上京龍泉府禁苑跡（中華人民共和国黒竜江州寧安市）〈筆者撮影〉……三二
図Ⅱ―6　上京龍泉府禁苑跡平面図〈筆者作成〉……三三
図Ⅱ―7　大沢池現況〈京都市右京区〉〈筆者撮影〉……三七
図Ⅱ―8　大沢池周辺地形図〈『数値地図二五〇〇〇京都及大阪』国土地理院〉……三八
図Ⅲ―1　响堂山石窟のレリーフに表現された阿弥陀浄土〈スミソニアン博物館所蔵〉……四五
図Ⅲ―2　阿弥陀浄土院跡検出遺構〈『奈良国立文化財研究所年報』二〇〇〇―Ⅲ、奈良国立文化財研究所、二〇〇〇年〉…四九
図Ⅲ―3　『如意輪陀羅尼経』跋語〈石山寺所蔵、奈良国立博物館提供〉……五〇
図Ⅲ―4　無量寿院復原図〈杉山信三『院家建築の研究』吉川弘文館、一九八一年〉……五六
図Ⅲ―5　法成寺復原図〈清水擴『平安時代仏教建築史の研究』中央公論美術出版、一九九二年〉……五七
図Ⅲ―6　平等院復原図〈清水擴『平安時代仏教建築史の研究』（中央公論美術出版、一九九二年〉……六〇
図Ⅲ―7　浄瑠璃寺九体阿弥陀堂と園池現況（京都府木津川市）〈筆者撮影〉……六二
図Ⅲ―8　法勝寺復原図〈清水擴『平安時代仏教建築史の研究』（中央公論美術出版、一九九二年〉……六三
図Ⅲ―9　無量光院復原図〈荒木伸介「平泉の庭園遺跡」『仏教芸術』一九二号、毎日新聞社、一九九〇年〉……六四
図Ⅲ―10　永福寺復原鳥瞰図〈鎌倉考古学研究所編『浄土庭園と寺院』鎌倉市教育委員会、一九九七年〉……六五
図Ⅳ―1　藤原俊盛邸（『春日権現験記絵』巻五第二段）〈宮内庁三の丸尚蔵館所蔵〉……七四・七五
図Ⅳ―2　藤原忠実邸（『春日権現験記絵』巻三第三段）〈宮内庁三の丸尚蔵館所蔵〉……七六・七七
図Ⅳ―3　平安京内の藤原俊盛邸〈『平安京提要』角川書店、一九九四年所載図に筆者加筆〉……七八
図Ⅳ―4　泉殿（『春日権現験記絵』巻五第二段）〈宮内庁三の丸尚蔵館所蔵〉……八〇
図Ⅳ―5　州浜（『春日権現験記絵』巻五第二段）〈宮内庁三の丸尚蔵館所蔵〉……八〇
図Ⅳ―6　池尻の柵（『春日権現験記絵』巻五第二段）〈宮内庁三の丸尚蔵館所蔵〉……八〇

図Ⅵ―1　三宝院庭園実測図〈奈良文化財研究所〉……一一六・一一七

図Ⅶ―1　水戸中納言下屋敷（『江戸図屏風』）〈国立歴史民俗博物館所蔵〉……一二九

図Ⅶ―2　小石川後楽園現況（東京都文京区）〈筆者撮影〉……一二九

図Ⅶ―3　『水戸様小石川御屋敷御庭之図』〈明治大学博物館所蔵〉……一三〇

図Ⅶ―4　東京大学三四郎池現況（東京都文京区）〈筆者撮影〉……一三三

図Ⅶ―5　加賀肥前守下屋敷（『江戸図屏風』）〈国立歴史民俗博物館所蔵〉……一三三

図Ⅶ―6　森内記下屋敷『寛永江戸全図』〈臼杵市立臼杵図書館所蔵、之潮、二〇〇七年〉……一三四

図Ⅶ―7　森美作守下屋敷（『江戸図屏風』）〈国立歴史民俗博物館所蔵〉……一三五

図Ⅶ―8　向井将監下屋敷（『江戸図屏風』）〈国立歴史民俗博物館所蔵〉……一三八

図Ⅶ―9　米津内蔵助下屋敷（『江戸図屏風』）〈国立歴史民俗博物館所蔵〉……一三九

図Ⅶ―10　駿河大納言上屋敷（『江戸図屏風』）〈国立歴史民俗博物館所蔵〉……一四二

図Ⅶ―11　内藤左馬助下屋敷（『江戸図屏風』）〈国立歴史民俗博物館所蔵〉……一四三

図Ⅶ―12　御花畠（『江戸図屏風』）〈国立歴史民俗博物館所蔵〉……一四五

図Ⅶ―13　三渓園聴秋閣現況（横浜市中区）〈筆者撮影〉……一四八

図Ⅷ―1　平安神宮境内神苑築造場所見取図（「平安神宮東側庭園築造設計書」）〈平安神宮所蔵〉……一五四

図Ⅷ―2　西池庭園平面図（『土木部・園芸書類』のうち「平安神宮紀念殿周囲庭園工事図面」）〈平安神宮所蔵〉……一五九

図Ⅷ―3　西池庭園鳥瞰図（『土木部・園芸書類』のうち「平安神宮紀念殿周囲庭園工事図面」）〈平安神宮所蔵〉……一五九

図Ⅷ―4　東池庭園平面図（『土木部・園芸書類』のうち「平安神宮紀念殿周囲庭園工事図面」）〈平安神宮所蔵〉……一六〇

図Ⅷ―5　東池庭園鳥瞰図（『土木部・園芸書類』のうち「平安神宮紀念殿周囲庭園工事図面」）〈平安神宮所蔵〉……一六〇

図Ⅷ―6　「平安神宮及第四回内国勧業博覧会之図」〈『平安遷都千百年祭紀念協賛誌』平安遷都千百年祭紀念協賛会、一八九六年〉……一六一

図Ⅷ―7　慶長初年段階の伏見城復原図〈京都市編『京都の歴史』四・桃山の開花、学芸書林、一九六九年〉……一六五

図Ⅷ―8　西神苑の滝と守山石の滝添え石現況（京都市左京区）〈筆者撮影〉……一六八

（注）本文中掲載の図版につき、図版番号、図版内容、〈所在地・史料名など〉、〈出典・所蔵提供機関名など〉の順で記載した。

著者略歴
一九五五年、和歌山県に生まれる
一九七八年、京都大学農学部林学科卒業
独立行政法人国立文化財機構奈良文化財研究所
副所長、和歌山大学教授などを経て、
現在、大阪観光大学教授　博士（農学）

〔主要著書〕
『岩波日本庭園辞典』（岩波書店、二〇〇四年）
『日本庭園―空間の美の歴史』（岩波書店、
二〇〇九年）
『庭園と観光』（晃洋書房、二〇二二年）

日本庭園の歴史と文化

二〇一五年（平成二十七）十月二十日　第一刷発行
二〇二二年（令和　四　）五月　十　日　第二刷発行

著　者　小《お》野《の》健《けん》吉《きち》

発行者　吉　川　道　郎

発行所　株式会社　吉川弘文館
郵便番号一一三―〇〇三三
東京都文京区本郷七丁目二番八号
電話〇三―三八一三―九一五一〈代〉
振替口座〇〇一〇〇―五―二四四
http://www.yoshikawa-k.co.jp/

印刷・製本・装幀＝藤原印刷株式会社

ISBN978-4-642-01651-3